Kolibri

Das Liederbuch für die Grundschule

Herausgegeben von
Bettina Küntzel
unter Mitarbeit von
Wulf Dieter Lugert und
Thomas F. Paha

Schroedel

Das Liederbuch für die Grundschule

Herausgegeben von
Bettina Küntzel
unter Mitarbeit von
Wulf Dieter Lugert und
Thomas F. Paha

Als Begleitmaterial sind erhältlich:
vier CDs
(Best.-Nr. 978-3-507-02711-4)
Materialband
(Best.-Nr. 978-3-507-02706-0)

 = Hörbeispiel auf CD

Dieses Werk folgt der reformierten Rechtschreibung und Zeichensetzung 2006. Ausnahmen bilden Texte, bei denen künstlerische, philologische oder lizenzrechtliche Gründe einer Änderung entgegenstehen.

© 2003 Bildungshaus Schulbuchverlage
Westermann Schroedel Diesterweg Schöningh Winklers GmbH, Braunschweig
www.schroedel.de

Das Werk und seine Teile sind urheberrechtlich geschützt. Jede Nutzung in anderen als den gesetzlich zugelassenen Fällen bedarf der vorherigen schriftlichen Einwilligung des Verlages. Hinweis zu § 52a UrhG: Weder das Werk noch seine Teile dürfen ohne Einwilligung gescannt und in ein Netzwerk eingestellt werden. Dies gilt auch für Intranets von Schulen und sonstigen Bildungseinrichtungen.

Auf verschiedenen Seiten dieses Buches befinden sich Verweise (Links) auf Internet-Adressen. Haftungshinweis: Trotz sorgfältiger inhaltlicher Kontrolle wird die Haftung für die Inhalte der externen Seiten ausgeschlossen. Für den Inhalt dieser externen Seiten sind ausschließlich deren Betreiber verantwortlich. Sollten Sie dabei auf kostenpflichtige, illegale oder anstößige Inhalte treffen, so bedauern wir dies ausdrücklich und bitten Sie, uns umgehend per E-Mail davon in Kenntnis zu setzen, damit beim Nachdruck der Verweis gelöscht wird.

Druck A^8 / Jahr 2014
Alle Drucke der Serie A sind im Unterricht parallel verwendbar.

Illustrationen: Jule Ehlers-Juhle, Marion Kreimeyer-Visse, Milada Krautmann
Notensatz, Textsatz und Reproduktionen: prima nota GmbH, Korbach
Druck und Bindung: westermann druck GmbH, Braunschweig

ISBN 978-3-507-**02703**-9

Guten Morgen – gute Nacht

- 8 Guten Morgen
- 9 Morgens früh um sechs
- 10 Papi, wach auf
- 11 Every morning/La cloche
- 12 Guten Morgen, liebe Sonne
- 13 Frère Jacques
- 14 Weißt du, wie viel Sternlein stehen/ Fais dodo – Schlafe ein
- 15 Sandmann
- 16 Der Mond ist aufgegangen
- 17 Lalelu

Vom Frühlingserwachen bis zum Winterschlaf

- 18 Das Jahreszeiten-Lied
- 19 Es war eine Mutter
- 20 Was macht die Maus im Sommer
- 22 Alle Vögel sind schon da
- 23 Jetzt fängt das schöne Frühjahr an/ Grüß Gott, du schöner Maien
- 24 Der Winter ist vorüber/ Es tönen die Lieder
- 25 Haru ga kita
- 26 Sommerkinder
- 27 Sommervogel/Lachend, lachend kommt der Sommer
- 28 Ferienzeit
- 29 Wenn der Sommer kommt
- 30 Puck, die Stubenfliege
- 31 Der Herbst hat bunte Blätter
- 32 Leer sind die Felder/ Hejo, spann den Wagen an
- 33 Der Herbst ist da
- 34 Herbst ist da – Autumn comes
- 35 The north wind does blow – Der Nordwind, oh weh
- 36 Winterschlaf
- 37 Schneeflöckchen /Es schneit
- 38 Herr Holle
- 39 Jingle bells

Feste feiern!

- 40 Happy birthday!/ Viel Glück und viel Segen
- 41 Wie schön, dass du geboren bist
- 42 Wir hab'n euch schon erwartet
- 44 Trat ich heute vor die Türe
- 45 Faschingsshow
- 46 Hasen-Swing
- 47 Stups, der kleine Osterhase
- 48 Milli und Molli beim Laternenumzug
- 49 Ich geh' mit meiner Laterne
- 50 Ein armer Mann/ Durch die Straßen auf und nieder
- 51 Sankt Martin/Martin, Martin
- 52 Wir sagen euch an/ Leise rieselt der Schnee
- 53 In der Weihnachtsbäckerei
- 54 Lasst uns froh und munter sein/ Die Wi-, die Wa-, die Weihnachtsmaus
- 55 Stern über Bethlehem
- 56 Was soll das bedeuten/ Ihr Kinderlein, kommet
- 57 Joseph, lieber Joseph mein/ Gatatumba
- 58 … und Frieden für die Welt – Mary's Boy child
- 59 Zumba, zumba
- 60 Les anges dans nos campagnes
- 61 I hear them

Von Kindern und anderen Leuten

- 62 Hurra, hurra, der Pumuckl ist da!
- 63 Ich bin ein Musikante
- 64 Une marguerite – Eine Margerite
- 65 Ich schenk' dir einen Regenbogen
- 66 Alle Kinder lernen lesen
- 67 Montag um acht (Lundi matin)
- 68 Potifar mit dem Wuschelhaar
- 69 Der Cowboy Jim aus Texas
- 70 Willi, Willi
- 72 Die alte Moorhexe
- 73 Dracula tanzt Rock 'n' Roll
- 74 Das Räuberkind
- 75 Im Walde von Toulouse
- 76 Schickt mich die Mutter
- 77 In Mutters Stübele/Ekmek buldum
- 78 Hey, Pippi Langstrumpf
- 80 Seeräuber-Opa Fabian
- 81 What shall we do with the drunken sailor – Ho, unser Maat

Wachsen und gedeihen

82 Wir werden immer größer
83 Savez-vous planter les choux – Sagt, wie pflanzt man denn den Kohl
84 Ev'rything grows – Alles gedeiht und wächst
86 Ward ein Blümchen mir geschenket
87 Come si pianta la bella polenta

Das schmeckt!

88 The Muffin Man
89 Alouette lädt zum großen Feste
90 Der Gurkendrache

Spiel, Spaß und Unsinn

92 Wenn du glücklich bist
93 Alles Banane
94 Simana kaa
95 Kopf und Schultern
96 Das Hottepferd
97 Das Auto von Lucio / Roll that red car
98 Hallo, wir machen 'ne Band
100 Little green frog
101 Six in the bed / One little Indian
102 Sur le pont d'Avignon
103 Es führt über den Main
104 Le rock du robot costaud – Roboter Kasimir
105 La Ola
106 Ich singe jeden Tag – I'm singing in the rain

Tanzen

108 Der Butzemann-Rock
109 Skip to my Lou
110 La bonne galette – Der Dreikönigskuchen
111 Taino Tee
112 Ententanz
114 Kato sto jalò – Unten an dem Strand
115 Bir mumdur – Eine Kerze

Tierisches

116 Mein Schnuffeltier
117 Meine Biber haben Fieber
118 Wenn der Elefant in die Disco geht
119 Der Katzentatzentanz
120 On ne verra jamais – Niemals wird man dies hier seh'n
121 Nicht mit mir, sprach das Tier
122 Onkel Jörg hat einen Bauernhof – Old Mac Donald had a farm
123 Five little ducks
124 Das Rap-Huhn
125 Le coq est mort – Der Hahn ist tot Miau, miau, hörst du mich schreien – Miaou, miaou, la nuit dernière
126 Bitte, gib mir doch ein Zuckerstückchen
127 Wir reiten geschwinde/ Lauf, mein Pferdchen
128 Auf einem Baum ein Kuckuck/ Der Kuckuck und der Esel
129 Petit escargot – Kleine Schnecke / Die kleinen Bienen
130 Ein Vogel wollte Hochzeit halten
131 Das Lied der bunten Vögel
132 Zwei lange Schlangen
133 Pitsch, patsch, Pinguin
134 Sieben kleine Bären
135 Der große und der kleine Bär
136 Der Papagei ein Vogel ist
137 Zwei kleine Wölfe

So ein Wetter!

138 Regenlied
139 Que llueva – Es soll regnen
140 Komm, stell dich mal mit mir in den Wind
141 Wolkenspiel

Natur erhalten – Frieden bewahren

142 Bin ganz Ohr
143 Die Flüsse, sie fließen – The river is flowing/Zeit für Ruhe, Zeit für Stille
144 Hier steht die Zeit noch still
146 Ich hab' einen Freund, das ist ein Baum

147 Wasser braucht der Wasserfloh
148 1, 2, 3, wer hat den Ball?
149 Das Lied vom Anderssein
150 Kranichlied
151 Shalom chaverim

Unterwegs

152 Im Frühtau zu Berge/
 Un kilomètre à pied
153 An meinem Fahrrad ist alles dran
154 Au-, Au-, Autos
155 Auf de schwäb'sche Eisebahne
156 Ein Mann, der sich Kolumbus nannt'
157 In Paule Puhmanns Paddelboot

Europa

158 Der Europa-Song
160 Se busca una estrella –
 Heute suchen wir ein Starlet
161 Chanson pour mon chien –
 Lied für meinen Hund
162 Zakazany owoc – Verbotene Frucht
163 Kuzum – Lämmchen
164 … eller også er det lyv! –
 oder etwa nicht?
165 Papa moschet – Papalied
166 Das Lied der Deutschen
167 Good old Europe

Pettersson und Findus

168 Im Tischlerschuppen
 von Pettersson
170 Aufruhr im Gemüsebeet
172 Füchse legt man rein
174 Geburtstag/Geburtstag
175 Findus allein im Zelt

176 **Copyright- und
 Bildquellenverzeichnis**

Lieder von A bis Z

K = Kanon
🌈 = international
💃 = Bewegung
HSK = Sachunterricht

Alle Kinder lernen lesen HSK 66
Alle Kinder, groß und klein 38
Alle Vögel sind schon da 22
Alles Banane 93
Alles gedeiht und wächst 🌈 HSK 84
Alouette lädt zum großen Feste 🌈 89
Alouette, gentille alouette 🌈 89
An meinem Fahrrad ist alles dran HSK 153
Au Au Autos HSK 154
Auf de' schwäb'sche Eisebahne 155
Auf dem weiten Wolkenmeer 141
Auf einem Baum ein Kuckuck 128
Aufruhr im Gemüsebeet 170
Autumn comes 🌈 34

Bin ganz Ohr 142
Bir kuzu aldim bu yaz 🌈 163
Bir mumdur 🌈 115
Bitte, gib mir doch ein Zuckerstückchen 126
Bruder Jakob 🌈 (K) 13

C'est la danse des canards 🌈 💃 112
Çai içinde döğmetaş 🌈 115
Casimir le robot 🌈 💃 104
Chanson pour mon chien 🌈 161
Come back to Good Old Europe 🌈 167
Come si pianta la bella polenta 🌈 87

Da hat das Hottepferd 💃 96
Das Auto von Lucio 💃 97
Das Hottepferd 💃 96
Das Jahreszeitenlied 💃 18
Das Lied der bunten Vögel 🌈 💃 131
Das Lied der Deutschen 166
Das Lied vom Anderssein HSK 149
Das Rap-Huhn 124
Das Räuberkind 74
Dashing through the snow 🌈 39
Der Butzemann-Rock 💃 108
Der Cowboy Jim aus Texas 69
Der Dreikönigskuchen 🌈 💃 110
Der Ententanz 🌈 💃 112
Der Europa-Song 158
Der große und der kleine Bär 135
Der Gurkendrache 90
Der Hahn ist tot 🌈 (K) 125
Der Herbst ist da 33
Der Herbst hat bunte Blätter HSK 31
Der Katzentatzentanz 💃 119
Der Kuckuck und der Esel 128
Der Mond ist aufgegangen 16
Der Nordwind, oh weh 🌈 35
Der Papagei ein Vogel ist 136
Der Pettersson, der sammelt schon 168
Der Winter ist vorüber 🌈 24
Die alte Moorhexe 72

Die Flüsse, sie fließen HSK (K)	143
Die Glocke (K)	11
Die kleinen Bienen (K)	129
Die Wi-, die Wa-, die Weihnachtsmaus	54
Die zehn Indianer	101
Din, din, din (K)	11
Dong, dong, ding (K)	11
Dracula-Rock	73
Du, Findus, hast du das gehört	172
Durch den Winterwald	39
Durch die Straßen	50
Ein armer Mann	50
Ein Indi-, zwei Indi-, drei Indianer	101
Ein Junge namens Potifar	68
Ein kleiner Pinguin	133
Ein klitzekleines Räuberkind	74
Ein Mann, der sich Kolumbus nannt'	156
Ein Räuber streifte auf der Pirsch	121
Ein Schwarm von kleinen Bienen (K)	129
Ein Vogel wollte Hochzeit halten	130
Eine Kerze	115
Eine kleine Schlange	132
Eine kleine Welle	105
Eine Margerite	64
Einigkeit und Recht und Freiheit	166
Eins, zwei, drei, wer hat den Ball?	148
Ekmek buldum	77
Eller også er det lyv!	164
Engel haben Himmelslieder	60
Es führt über den Main	103
Es malen vier Hasen zur Osterfeier	46
Es schneit!	37
Es soll regnen	139
Es tanzt ein Bi-Ba-Butzemann	108
Es tönen die Lieder (K)	24
Es war eine Mutter	19
Ev'rything grows	84
Every morning (K)	11
Fais dodo	14
Faschingsshow	45
Ferienzeit	28
Findus allein im Zelt	175
Findus, der Kater, ist mutig und frech	175
Five little ducks	123
Frère Jacques (K)	13
Füchse legt man rein	172
Fünf kleine Enten	123
Für die Erde singen wir	111
Gatatumba	57
Geburtstag, Geburtstag	174
Good Old Europe	167
Grüß Gott, du schöner Maien	23
Guck, die Katze tanzt allein	119
Guten Morgen	8
Guten Morgen, liebe Sonne	12
Hab' 'nen Hund und der ist schmutzig	161
Hallo Leute, wir sind heute auf dem Bauernhof	124
Hallo, wir machen 'ne Band	98
Happy birthday!	40
Haru ga kita	25
Hasen-Swing	46
Hätt' ich dich heut' erwartet	42
Have you seen the Muffin Man?	88
Hejo, spann den Wagen an (K)	32
Herbst ist da	34
Herbst ist wieder	18
Herr Holle	38
Heute kann es regnen	41
Heute suchen wir ein Starlet	160
Hey, Pippi Langstrumpf	78
Hier steht die Zeit noch still	144
Ho, unser Maat	81
Højt mod nord	164
Hurra, hurra, der Pumuckl ist da!	62
I hear them	61
I'm singing in the rain	106
Ich bin ein Musikante	63
Ich geh'mit meiner Laterne	49
Ich hab' Brot	77
Ich hab' ein kleines Schnuffeltier	116
Ich hab'einen Freund, das ist der Baum HSK	146
Ich hör' sie, ich hör sie	61
Ich schenk' dir einen Regenbogen	65
Ich singe jeden Tag	106
Ihr Kinderlein, kommet	56
Im Frühtau zu Berge	152
Im Land der Blaukarierten HSK	149
Im Tischlerschuppen von Pettersson	168
Im Walde von Toulouse	75
Immer, wenn ich Gurken esse	90
In der großen, weiten Stadt HSK	154
In der Stadt Avignon	102
In der Weihnachtsbäckerei	53
In Japan steht ein Denkmal HSK	150
In Mutters Stübele	77
In Paule Puhmanns Paddelboot	157
J'ai un chien gentil mais sale	161
Je t'apporte, maman	64
Jetzt fängt das schöne Frühjahr an	23
Jingle Bells	39
Joseph, lieber Joseph mein	57
Káto sto jalò	114
Kauf mir im Sommer ein Lämmchen klein	163
Klapp die Hände gut zusamm'	112
Kleine Igel schlafen schon	36
Kleine Schnecke	129
Komm, stell dich mal mit mir in den Wind!	140
Kommt, lasst uns feiern	115
Kopf und Schultern	95
Kranichlied HSK	150
Kuzum	163
La bonne galette	110
La cloche (K)	11

La danse des canards	112
La Ola	105
Lachend kommt der Sommer (K)	27
Lalelu	17
Lämmchen	163
Lasst uns froh und munter sein	54
Lauf, mein Pferdchen	127
Le coq est mort (K)	125
Le rock du robot costaud	104
Leb wohl, lieber Freund (K)	151
Leer sind die Felder	32
Leise rieselt der Schnee	52
Les anges dans nos campagnes	60
Liebes Schneckelein	129
Lied für meinen Hund	161
Lost my partner, what shall I do?	109
Little green frog	100
Lundi matin	67
Mama, für dich allein	64
Martin, Martin	51
Mary's Boy Child	58
Mein Schnuffeltier	116
Meine Biber haben Fieber	117
Miaou, miaou, la nuit dernière (K)	125
Miau, miau, hörst du mich schreien? (K)	125
Milli und Molli beim Laternenumzug	48
Mmh, mmh, went a little green frog	100
Montag um acht	67
Morgens früh um sechs	9
Mówic mi tak	162
Nicht mit mir, sprach das Tier	121
Niemals wird man dies hier seh'n	120
Oder etwa nicht?	164
Oft schon haben wir	165
Old Mac Donald had a farm	122
On ne verra jamais	120
One little Indian	101
Onkel Jörg hat einen Bauernhof	122
Oooh – heute gibt's Radau	45
Papa moschet	165
Papalied	165
Papi, wach auf	10
Petit escargot	129
Pitsch, patsch, Pinguin	133
Potifar mit dem Wuschelhaar	68
Puck, die Stubenfliege	30
Que llueva	139
Regenlied (K)	138
Roboter Kasimir	104
Roll that red car out of town	97
Sagt, wie pflanzt man denn den Kohl	83
Sandmann, lieber Sandmann	15
Sankt Martin, du guter Mann	51
Savez-vous planter les choux	83
Schickt mich die Mutter	76
Schlafe ein	14
Schneeflöckchen, Weißröckchen	37
Se busca una estrella	160
Seeräuber Opa Fabian	80
Shalom chaverim (K)	151
Sieben kleine Bären	134
Simana kaa	94
Six in the bed	101
Skip to my Lou	109
Skolko pessen mi swami wmeste	165
Sommerkinder	26
Sommervogel	27
Spanien, Frankreich, England	158
Stern über Bethlehem	55
Stups, der kleine Osterhase	47
Sur le pont d'Avignon	102
Taino Tee	111
The Birdie Song	112
The Muffin Man	88
The north wind does blow	35
The river is flowing (K)	143
Theodor, lässig leicht	164
Trat ich heute vor die Türe	44
Tsche tsche kule!	131
Un kilomètre à pied	152
Und Frieden für die Welt	58
Une marguerite	64
Unten an dem Strand	114
Verbotene Frucht	162
Viel Glück und viel Segen (K)	40
Ward ein Blümchen mir geschenket HSK	86
Was macht die Maus im Sommer?	20
Was soll das bedeuten?	56
Wasser braucht der Wasserfloh HSK	147
Weißt du, wie viel Sternlein stehen	14
Wenn am Morgen ein Nashorn kräht	93
Wenn der Elefant in die Disco geht	118
Wenn der Sommer kommt	29
Wenn du glücklich bist	92
Wenn im Wald ein neuer Tag erwacht	144
Wer hat Angst vor Dracula?	73
What shall we do with the drunken sailor	81
Wie schön, dass du geboren bist	41
Willi, Willi	70
Winterschlaf	36
Wir denken nicht daran (K)	138
Wir hab'n euch schon erwartet	42
Wir reiten geschwinde (K)	127
Wir sagen euch an den lieben Advent	52
Wir werden immer größer	82
With a little bit of this	112
Wo ist der Frühling?	25
Wolkenspiel	141
Zakazany owoc	162
Zeit für Ruhe, Zeit für Stille (K)	143
Zumba, zumba	59
Zwei kleine Wölfe (K)	137
Zwei lange Schlangen	132
Zwei mal drei macht vier	78

Guten Morgen – gute Nacht

Melodie und Text: D. Kreusch-Jakob

Guten Morgen I/1

1. Guten Morgen, guten Morgen,
sagt der Himmel zu dir.
Guten Morgen, guten Morgen,
mein Blau schenk ich dir!
Guten Morgen, guten Morgen,
mein Blau schenk ich dir!
Guten Morgen.

Griechisch:
4. Kalimera, kalimera,
sagt das Meer zu dir.
Kalimera, kalimera,
meine Wellen schenk ich dir.
Kalimera …

Türkisch:
5. Günaydin, günaydin,
sagt die Blume zu dir.
Günaydin, günaydin,
mein Rot schenk ich dir.
Günaydin …

Serbokroatisch:
6. Dobar dan, dobar dan,
sagt der Stein zu dir,
dobar dan, dobar dan,
mein Grau schenk ich dir.
Dobar dan …

Italienisch:
7. Buon giorno, buon giorno,
sagt die Wolke zu dir,
buon giorno, buon giorno,
mein Weiß schenk ich dir.
Buon giorno …

Französisch:
2. Bonjour, bonjour,
sagt die Sonne zu dir.
Bonjour, bonjour,
mein Licht schenk ich dir.
Bonjour …

Spanisch:
3. Buenos dias, buenos dias,
sagt der Baum zu dir,
buenos dias, buenos dias,
mein Grün schenk ich dir.
Buenos dias …

Englisch:
8. Good morning, good morning,
sagt der Vogel zu dir.
Good morning, good morning,
mein Lied schenk ich dir.
Good morning …

Suche dir eine Farbe aus und stelle etwas her, das du verschenken möchtest.
»Mein Lied schenk ich dir«:
Erfinde eine kleine Melodie. Verwende die Töne c, d, e, g und a.
Spiele einfach drauf los und höre deinem »Lied« zu. Wem möchtest du es schenken?

Morgens früh um sechs

Melodie: R.R. Klein
Text: mündlich überliefert

1. Mor-gens früh um sechs kommt die klei-ne Hex'.
2. Morgens früh um sieb'n schabt sie gelbe Rüb'n.
3. Morgens früh um acht wird Kaffee gemacht.
4. Morgens früh um neun geht sie in die Scheun'.
5. Morgens früh um zehn holt sie Holz und Spän'.
6. Feuert an um elf. Kocht dann bis um zwölf.

Frö-sche-bein und Krebs und Fisch.
Hur-tig, Kin-der, kommt zu Tisch.

Welcher Ausschnitt passt zu welcher Uhrzeit?

Papi, wach auf

Musik und Text: R. Zuckowski

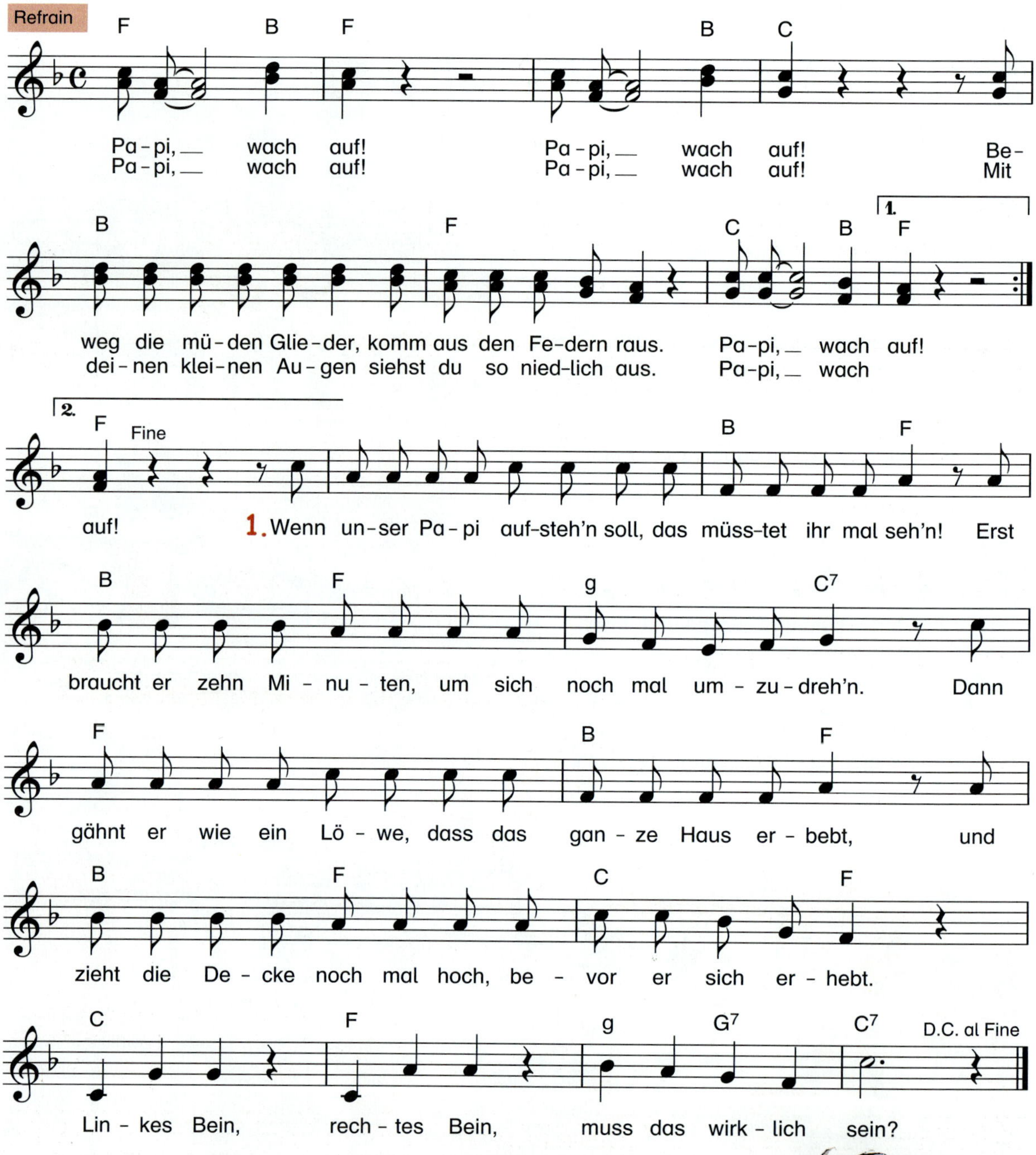
Refrain
F B F B C
Pa-pi, wach auf! Pa-pi, wach auf! Be-
Pa-pi, wach auf! Pa-pi, wach auf! Mit
B F C B F
weg die mü-den Glie-der, komm aus den Fe-dern raus. Pa-pi, wach auf!
dei-nen klei-nen Au-gen siehst du so nied-lich aus. Pa-pi, wach
1.
2.
F Fine B F
auf!
1. Wenn un-ser Pa-pi auf-steh'n soll, das müss-tet ihr mal seh'n! Erst
B F g C7
braucht er zehn Mi-nu-ten, um sich noch mal um-zu-dreh'n. Dann
F B F
gähnt er wie ein Lö-we, dass das gan-ze Haus er-bebt, und
B F C F
zieht die De-cke noch mal hoch, be-vor er sich er-hebt.
C F g G7 C7 D.C. al Fine
Lin-kes Bein, rech-tes Bein, muss das wirk-lich sein?

2. Am Abend wird er munter und kann richtig lustig sein.
Nur ab und zu schläft er in seinem Fernsehsessel ein.
Doch immer wenn Besuch kommt, ja, dann flippt er völlig aus
und dann am nächsten Morgen kommt er wieder mal nicht raus.
Linkes Bein, rechtes Bein, muss das wirklich sein?

Singt dieses Lied auch als »Mami, wach auf«.
Ihr könnt auch andere Namen einsetzen.

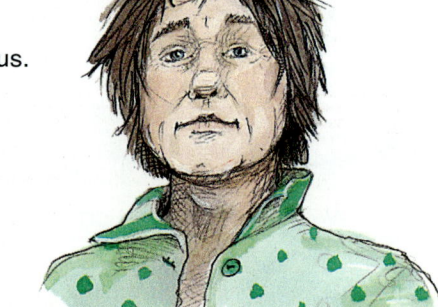

Guten Morgen, liebe Sonne

Melodie und Satz: H. Poser
Text: E. Colberg

1. Guten Morgen, liebe Sonne, guten Morgen, lieber Tag, alle Lerchen im Himmel, alle Blumen im Hag, alle Blumen im Hag. Guten Morgen, guten Morgen, guten Morgen, lieber Tag.

2. Alle Blumen, alle Vögel, alle Kinder sind schon wach,
alle singenden Lerchen und der Spatz auf dem Dach,
und der Spatz auf dem Dach.
Guten Morgen, guten Morgen, guten Morgen, lieber Tag!

3. Bring uns Freude, so viel Freude, wie es Blumen gibt im Feld,
und ein Lied auch am Abend, das dem Herrgott gefällt,
das dem Herrgott gefällt.
Guten Morgen, guten Morgen, guten Morgen, schöne Welt!

Bruder Jakob – Frère Jacques

I/3

Melodie und Text: mündlich überliefert aus Lothringen

Kanon

1. Bru-der Ja-kob, Bru-der Ja-kob, schläfst du noch? Schläfst du noch?
Hörst du nicht die Glo-cken, hörst du nicht die Glo-cken? Ding dang dong, ding dang dong!

aus Frankreich:
2. Frère Jacques,
dormez vous?
Sonnez les matines,
ding dong dong!

aus Griechenland:
4. Tin gambana
tu choriu maf
tin akute pädja.
Ti jlika ssimäni,
din dan dan.

aus der Türkei:
6. Jakup usta,
haydi kalk,
saatine bir bak,
bom bom bom.

aus England:
3. Are you sleeping,
brother John?
Morning bells are ringing,
dong dong dong.

aus Italien:
5. San Martino, campanaro,
dormi tu?
Suona le campane:
Ding dong dong.

aus Russland:
7. Brat moj Jascha,
spisch estschjo?
Slyschysch bjut kolokola?
Bom, bom, bom.

Bei jeder Stimme kann eine der Begleitstimmen mitgespielt werden.

Baustein 1　Baustein 2
Baustein 3　Baustein 4

Weißt du, wie viel Sternlein stehen

Melodie: mündlich überliefert
Text: W. Hey

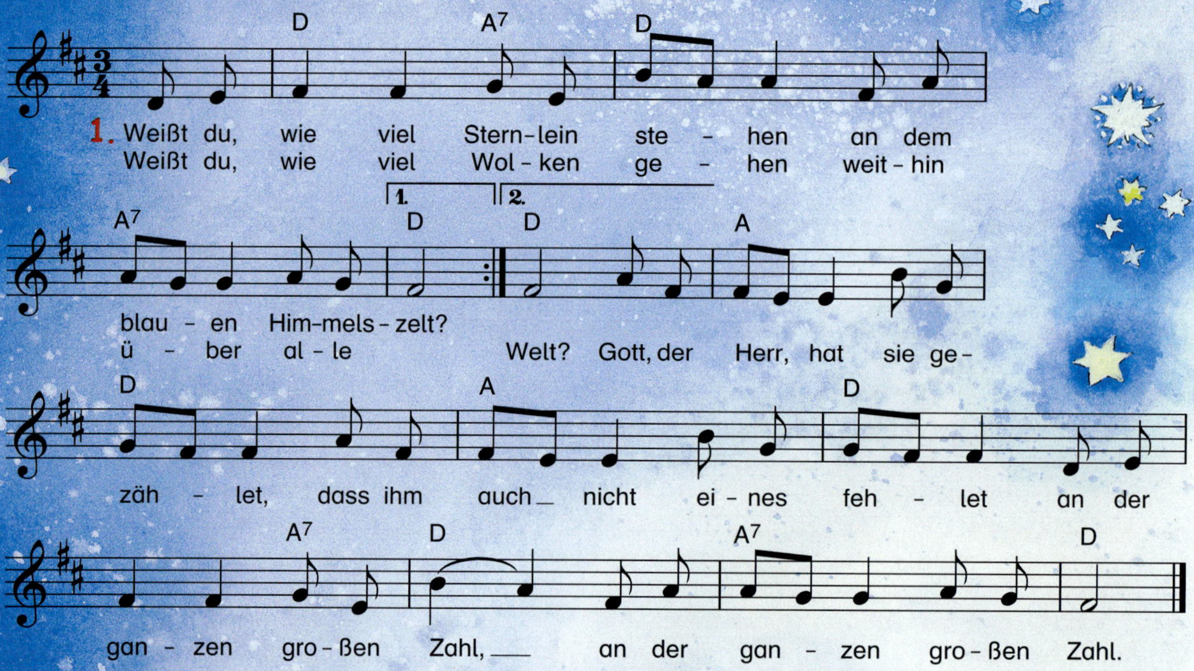

1. Weißt du, wie viel Sternlein stehen an dem blauen Himmelszelt?
   Weißt du, wie viel Wolken gehen weithin über alle Welt?
   Gott, der Herr, hat sie gezählet, dass ihm auch nicht eines fehlet
   an der ganzen großen Zahl, an der ganzen großen Zahl.

2. Weißt du, wie viel Mücklein spielen
   in der heißen Sonnenglut?
   Wie viel Fischlein auch sich kühlen
   in der hellen Wasserflut?
   Gott, der Herr, rief sie beim Namen,
   dass sie all' ins Leben kamen,
   dass sie nun so fröhlich sind.

3. Weißt du, wie viel Kinder frühe
   steh'n aus ihrem Bettlein auf,
   dass sie ohne Sorg' und Mühe
   fröhlich sind im Tageslauf?
   Gott im Himmel hat an allen
   seine Lust, sein Wohlgefallen,
   kennt auch dich und hat dich lieb.

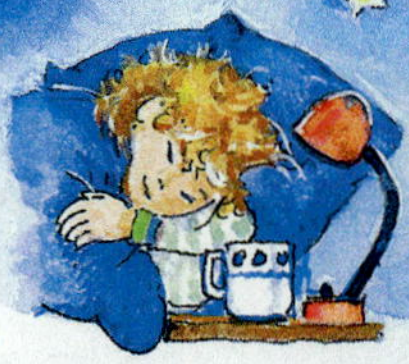

Fais dodo – Schlafe ein  I/4

Melodie und Text:
mündlich überliefert aus der Normandie
deutscher Text: BK

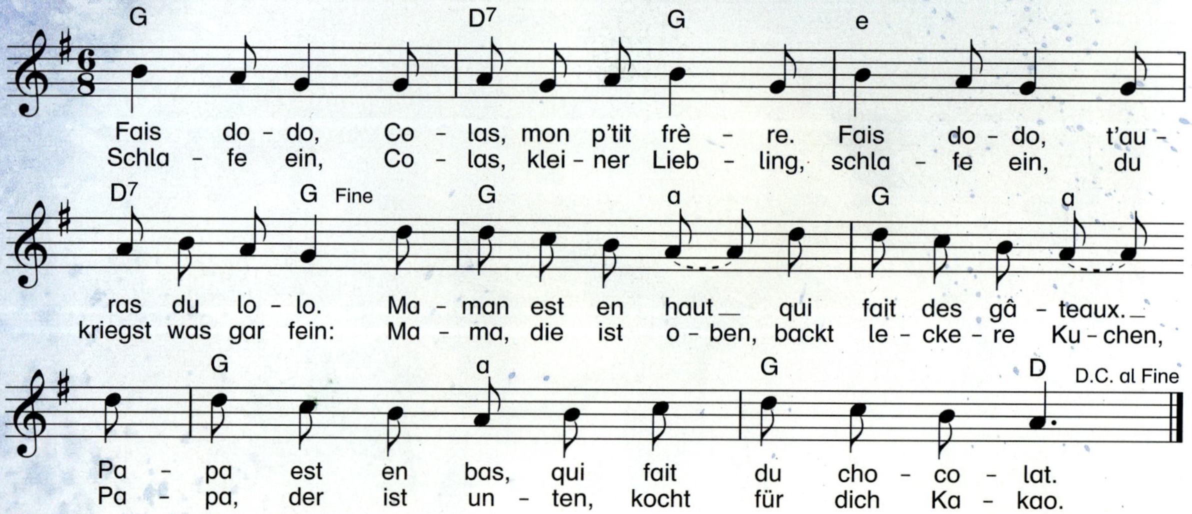

Fais dodo, Colas, mon p'tit frère. Fais dodo, t'auras du lolo. Maman est en haut qui fait des gâteaux. Papa est en bas, qui fait du chocolat.

Schlafe ein, Colas, kleiner Liebling, schlafe ein, du kriegst was gar fein: Mama, die ist oben, backt leckere Kuchen, Papa, der ist unten, kocht für dich Kakao.

D.C. al Fine

Sandmann, lieber Sandmann I/5

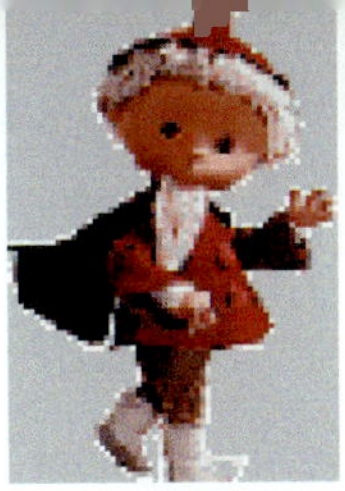

Melodie: W. Richter
Text: W. Krumbach

Die Kinder singen:

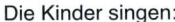

F d7 a B C7
1. Sand - mann, lie - ber Sand - mann, es ist noch nicht so
F g A7 d7 G7 C7
weit! Wir se - hen erst den A - bend - gruß, eh' je - des
F a d7 B6 a7 C7 F
Kind ins Bett-chen muss, du hast ge - wiss noch Zeit.

Der Sandmann singt:

2. Kinder, liebe Kinder,
das hat mir Spaß gemacht.
Nun schnell ins Bett und schlaft recht schön,
dann darf auch ich zur Ruhe geh'n.
Ich wünsch' euch gute Nacht.

Dieses Lied gehört zur Fernsehserie »Unser Sandmännchen«.
Wenn der Sandmann kommt, singen die Kinder. Dann schauen sie sich gemeinsam eine kleine Geschichte an und zum Abschied singt der Sandmann. Nun können alle Kinder schlafen gehen.

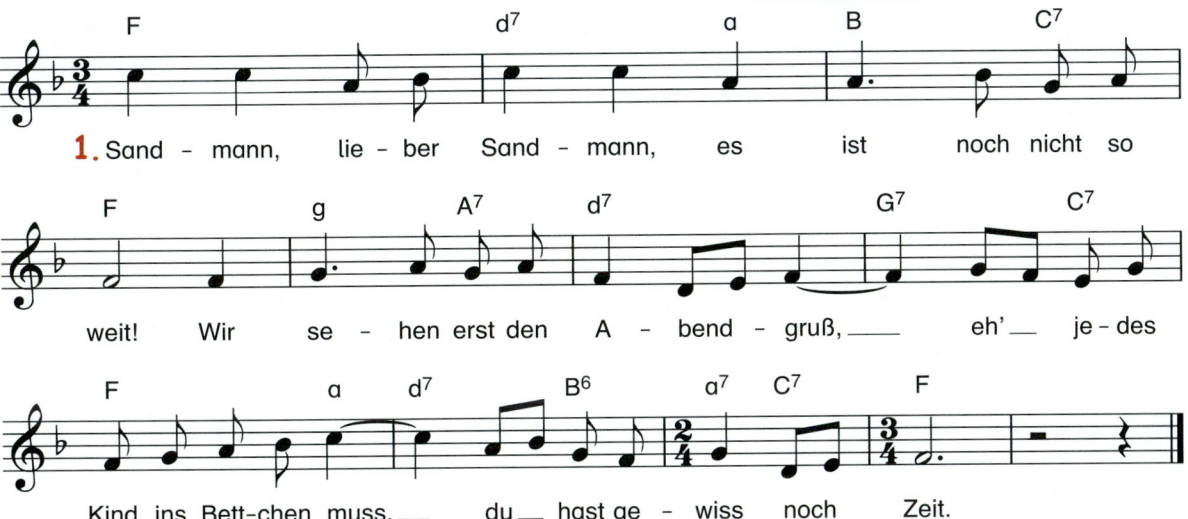

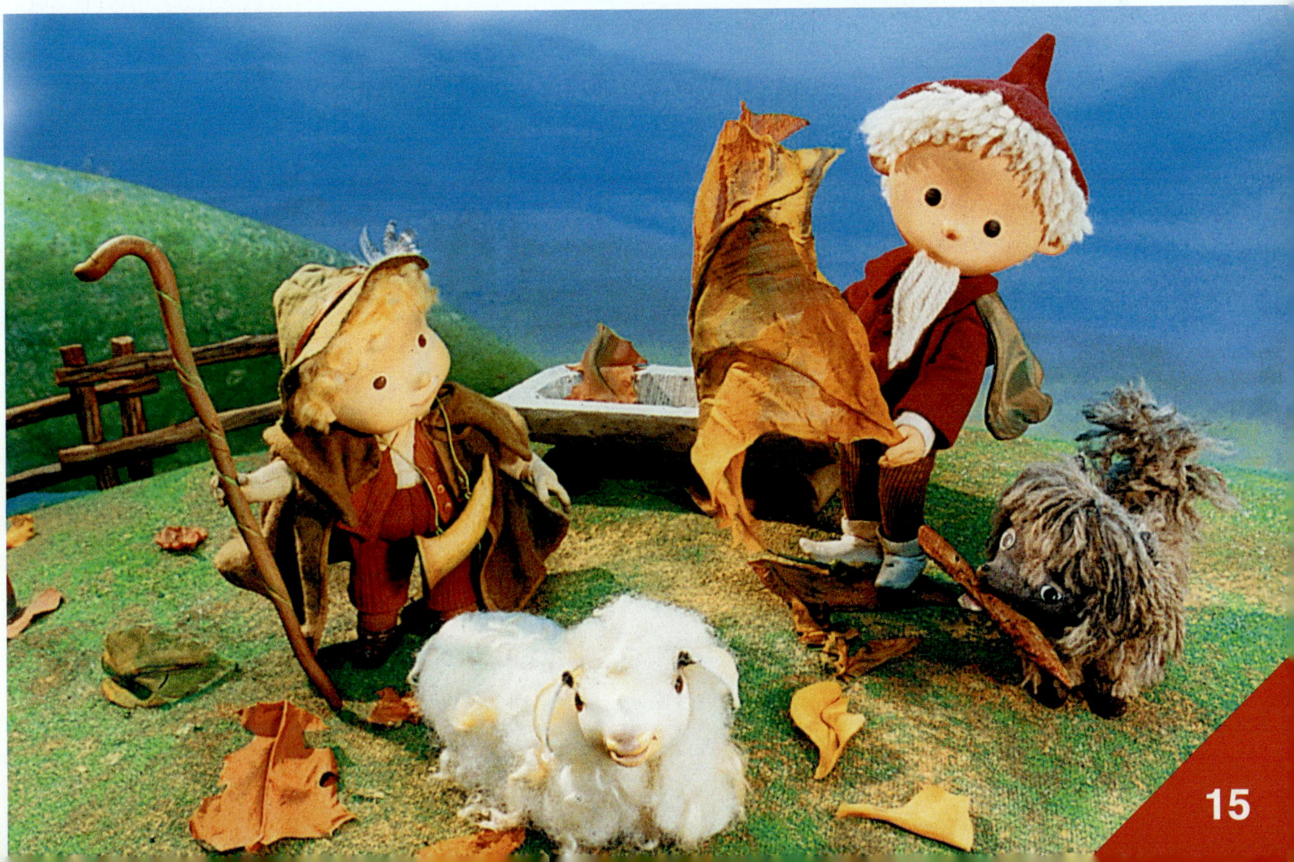

Der Mond ist aufgegangen

Melodie: J. A. P. Schulz
Text: M. Claudius

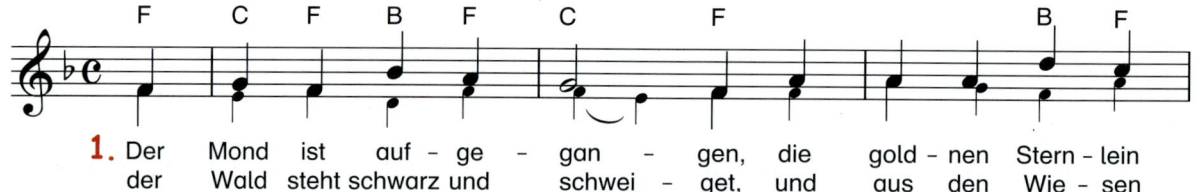

1. Der Mond ist auf - ge - gan - gen, die gold - nen Stern - lein
   der Wald steht schwarz und schwei - get, und aus den Wie - sen

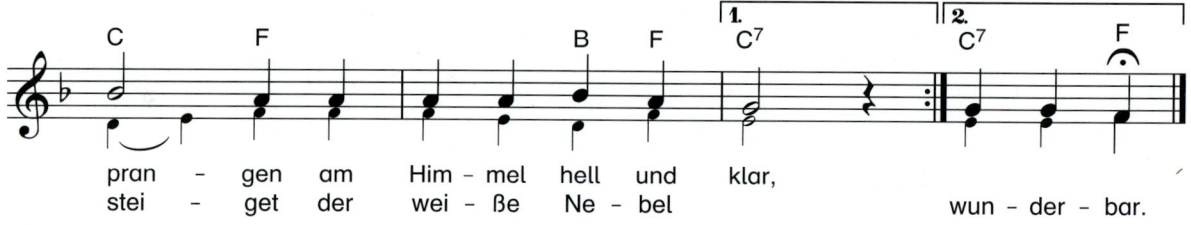

pran - gen am Him - mel hell und klar,
stei - get der wei - ße Ne - bel wun - der - bar.

2. Wie ist die Welt so stille
und in der Dämmrung Hülle
so traulich und so hold
als eine stille Kammer,
wo ihr des Tages Jammer
verschlafen und vergessen sollt.

3. Seht ihr den Mond dort stehen?
Er ist nur halb zu sehen
und ist doch rund und schön.
So sind wohl manche Sachen,
die wir getrost belachen,
weil unsre Augen sie nicht seh'n.

4. So legt euch denn, ihr Brüder,
in Gottes Namen nieder,
kalt ist der Abendhauch.
Verschon uns, Gott, mit Strafen
und lass uns ruhig schlafen
und unsern kranken Nachbarn auch.

 Ihr könnt das Lied dreistimmig musizieren.

2. Stimme
```
F   E   F   D   F   F   E   F
Der Mond ist auf-ge-gan ——— gen,
F   A   G   F   A   D   E   F
die gold-nen Stern-lein pran ——gen
F   F   E   D   F  |1. E
am Him-mel hell und klar ——— :||
              |2. E   E   F
              ... wun - der - bar. ||
```

Bassstimme
```
F   C   F   B   F   C   ——— F
Der Mond ist auf-ge-gan ——— gen,
F   F   F   B   F   C   ——— F
die gold-nen Stern-lein pran ——gen
F   F   F   B   F  |1. C
am Him-mel hell und klar ——— :||
              |2. C   C   F
              ... wun - der - bar. ||
```

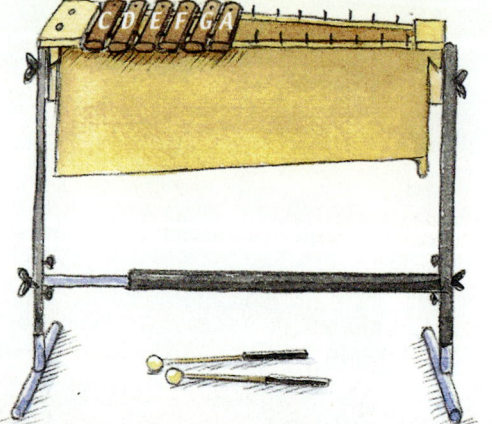

Vom Frühlingserwachen bis zum Winterschlaf

Das Jahreszeiten-Lied I/7–8

Melodie und Text: G. Bächli

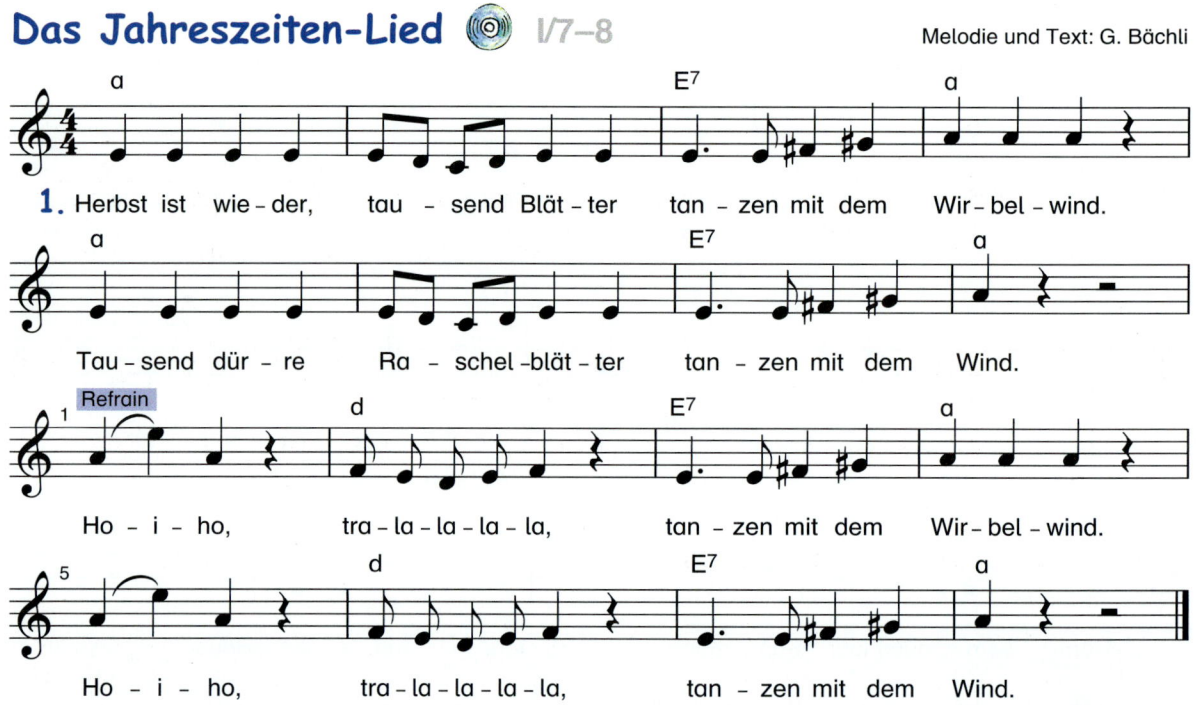

a E7 a
1. Herbst ist wie - der, tau - send Blät - ter tan - zen mit dem Wir - bel - wind.
a E7 a
Tau - send dür - re Ra - schel - blät - ter tan - zen mit dem Wind.
Refrain
1 d E7 a
Ho - i - ho, tra - la - la - la - la, tan - zen mit dem Wir - bel - wind.
5 d E7 a
Ho - i - ho, tra - la - la - la - la, tan - zen mit dem Wind.

2. Winter ist's und tausend Flocken
tanzen über Wald und Feld.
Tausend kleine weiße Flocken
tanzen über's Feld.

3. Frühling ist's und tausend Falter
tanzen über's grüne Gras.
Tausend bunte Frühlingsfalter
tanzen über's Gras.

4. Sommer ist's und tausend Mücken
tanzen froh im Abendlicht.
Tausend kleine Silbermücken
tanzen froh im Licht.

Blätter
1.

2.
Flocken

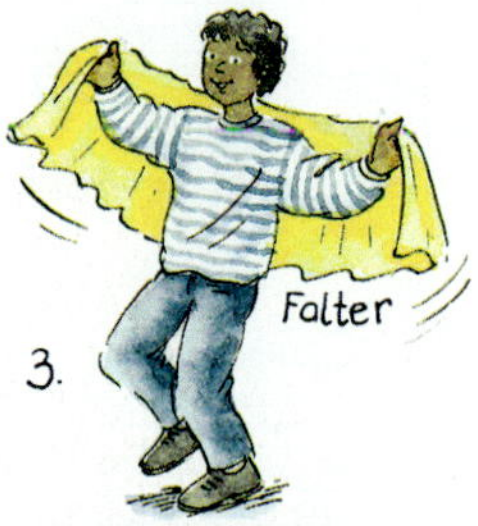

3.
Falter

stachel
Mücke
4.

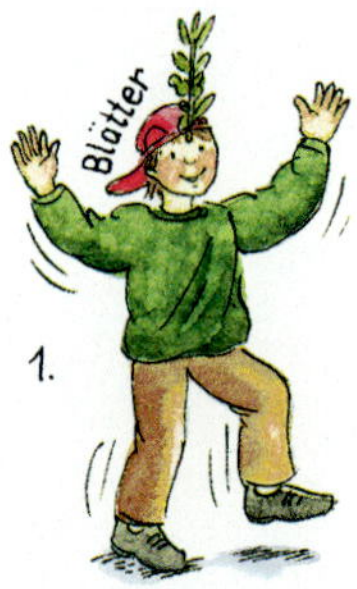

Ihr könnt das Lied auch in der Jahreszeit beginnen, in der ihr euch gerade befindet.

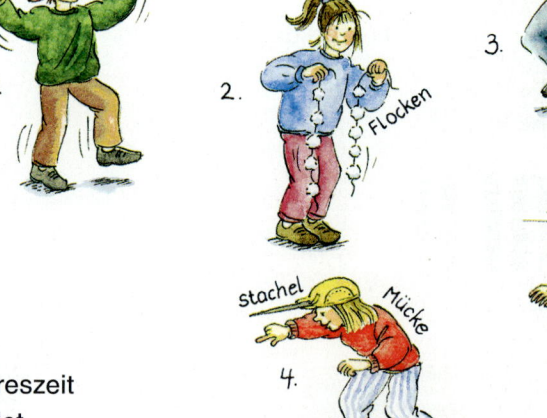

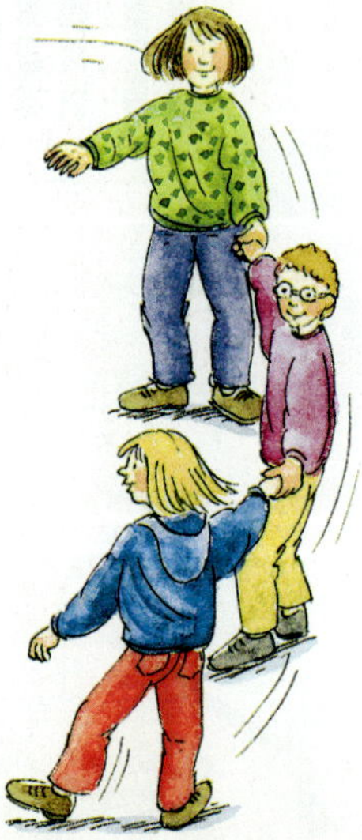

Der Tanz

Strophe: Einige tanzen in der Mitte des Kreises in passenden Bewegungen.
Refrain: Angefasst im Kreis:
Takt 1–3: Seitgalopp im Uhrzeigersinn
Takt 4: 3 x aufstampfen
Takt 5–7: Seitgalopp anders herum
Takt 8: 1 x aufstampfen und stehenbleiben

Es war eine Mutter

Melodie und Text: mündlich überliefert aus Baden

Es war ei - ne Mut - ter, die hat - te vier Kin - der:
den Früh - ling, den Som - mer, den Herbst und den Win - ter.

Der Früh - ling bringt Blu - men, der Som - mer bringt

Klee. Der Herbst, der bringt Trau - ben, der Win - ter den Schnee.

Was macht die Maus im Sommer I/9–10

Melodie und Text: M. Jehn

1. Was macht die Maus im Sommer, geht in die Speise-
kammer. Sie packt sich Brot und Käse ein und
wandert in die Welt hinein. Wandern.

La, la, la, la, la, …

2. Was macht die Maus im Herbst wohl,
sie stopft ihr ganzes Haus voll
mit Körnern und mit Haselnuss,
damit sie ja nicht hungern muss – sammeln.

(Wdh.:) Und da, und da, …

3. Was macht die Maus im Winter,
   nimmt ihre Mausekinder
   und steckt sie in ein warmes Nest,
   da schlafen sie so süß und fest – schlafen.

   (Wdh.:) Mmmh, mmmh, …

4. Was macht die Maus im Frühling,
   sie sucht sich einen Mann flink.
   Sie träumt mit ihm am Mausebach
   und sieht den weißen Wolken nach – kuscheln.

   (Wdh.:) Aah, aah, …

5. Er sagt: »Mein liebes Liebchen,
   mein kleines Mausepiepchen.
   Dein Mausekerl will ich nun sein
   bis in das nächste Jahr hinein« – tanzen.

   (Wdh.:) Ja-dap-da-da …

Ihr könnt das Lied szenisch spielen.
Die Wiederholungen der Melodie könnt
ihr auf einem Instrument spielen.

Alle Vögel sind schon da

Melodie und Satz: mündlich überliefert
Text: A. H. Hoffmann v. Fallersleben

2. Wie sie alle lustig sind,
flink und froh sich regen:
Amsel, Drossel, Fink und Star
und die ganze Vogelschar
wünschen uns ein frohes Jahr,
lauter Heil und Segen.

3. Was sie uns verkünden nun,
nehmen wir zu Herzen:
Wir auch wollen lustig sein,
lustig wie die Vögelein,
hier und dort, feldaus, feldein,
singen, springen, scherzen.

Grüß Gott, du schöner Maien

Melodie: J. Schäublin
Text: nach F. W. v. Ditfurth

Grüß Gott, du schö - ner Mai - en, da bist du wie-drum hier,
tust jung und alt er - freu - en mit dei - ner Blu - men Zier.
Die lie - ben Vög - lein al - le, sie sin - gen al - so hell;
Frau Nach - ti - gall mit Schal - le hat die für - nehms - te Stell'.

Jetzt fängt das schöne Frühjahr an

Melodie und Text: mündlich überliefert

1. Jetzt fängt das schö - ne Früh - jahr an und al - les fängt zu blü - hen an auf grü - ner Heid' und ü - ber - all.

2. Es blühen Blümlein auf dem Feld,
sie blühen weiß, blau, rot und gelb,
es gibt nichts Schöneres auf dieser Welt.

3. Jetzt geh' ich über Berg und Tal,
da hört man schon die Nachtigall
auf grüner Heid' und überall.

Sommerkinder I/12

Melodie und Text: R. Zuckowski

Refrain

Sommerkinder wollen jeden Tag zum Baden geh'n
und von früh bis spät nur die Sonne seh'n.
Sommerkinder wollen spielen irgendwo am Strand
und ein großes Eis in ihrer Hand.

1. Sie träumen von einer Dusche unterm Gartenschlauch
und Hula-Hopp mit ihrem braun gebrannten Bauch.

2. Sie träumen von alten Freunden,
die sich wiederseh'n,
und Sommerferien,
die nie zu Ende geh'n.

Sommervogel

Melodie: A. Bond
deutscher Text: BK

1. Som-mer-vo-gel blei-be mal still, weil ich dich jetzt zeich-nen will.
2. Som-mer-vo-gel blei-be doch mein, wir zwei könn-ten Freun-de sein.
Du bist ein-fach wun-der-schön in dei-nen Far-ben-tö-nen.
Zeit, dass ich dich ken-nen lern. Ich ha-be dich ja so gern.

In der Schweiz nennt man den Schmetterling auch »Sommervogel«.

Lachend, lachend kommt der Sommer

Melodie und Text: C. Bresgen

Kanon

La-chend, la-chend, la-chend, la-chend kommt der Som-mer ü-bers Feld.
Ü-bers Feld kommt er la-chend, ha-ha-ha, la-chend ü-bers Feld.

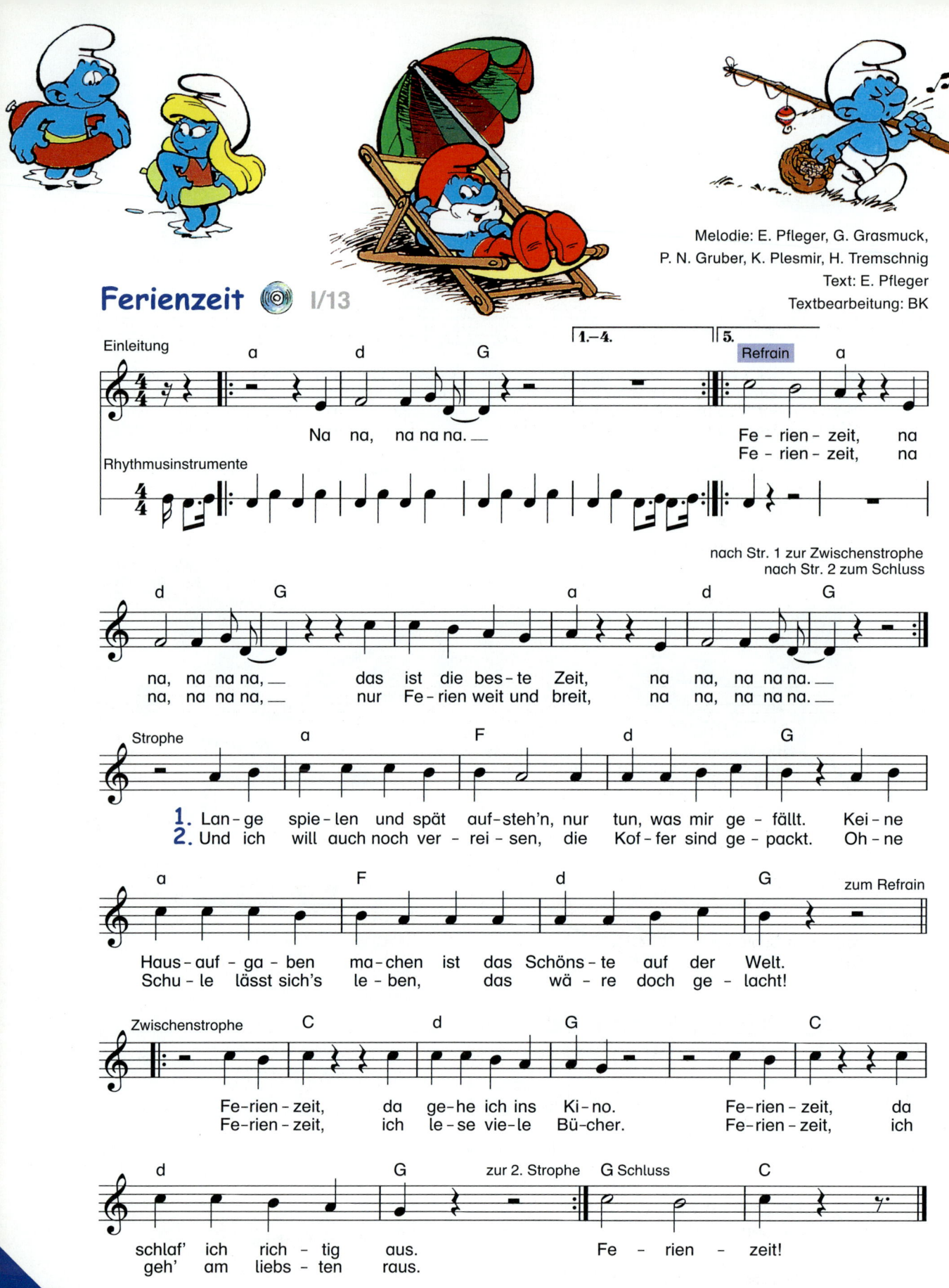

Melodie und Text:
R. Ruvin, B. Halvin, H. Irving, J. Scheridan
dt. Text: Yogi

Wenn der Sommer kommt I/14–15

1. Wenn der Som - mer kommt, je - der Schlumpf sich sonnt und die
   Und der O - ber - schlumpf tanzt auf sei - nem Strumpf den
2. Wenn der Som - mer kommt, tanzt ein je - der Schlumpf end - lich
3. Wenn der Som - mer kommt, dann ist Tan - zen Trumpf, end - lich

1. Vö - gel bau'n ihr Nest. Wenn der Som - mer kommt, fei - ern
   an - dern et - was vor und der Flö - ten - schlumpf hat das
2. sind wir wie - der froh. Wenn der Som - mer kommt, hat sich's
3. sind wir wie - der froh. Wenn der Som - mer kommt, fühlt sich

nach 3. Strophe

1. wir ge - konnt un - ser Som - mer - Schlümp - fe - fest.
   Ding ver - schlumpft, des - halb
2. aus - ge - schlumpft, denn der
3. je - der Schlumpf wie der

instrumentales Zwischenspiel

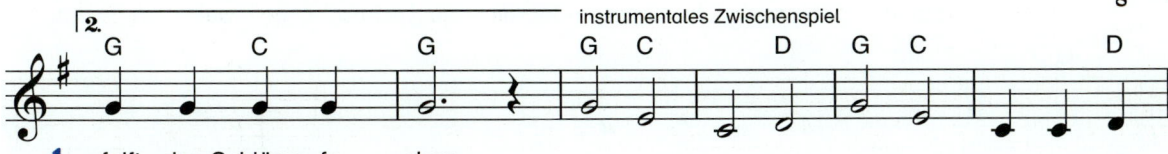

1. pfeift der Schlümp - fe - chor.
2. Win - ter ist k. o.

Coda

3. Mops im Pa - le - tot.

 Spielt das Zwischenspiel auf Stabspielen, Tasteninstrumenten oder der Blockflöte.

Ablauf: 1. Strophe – 2. Strophe – 1. Strophe – 3. Strophe

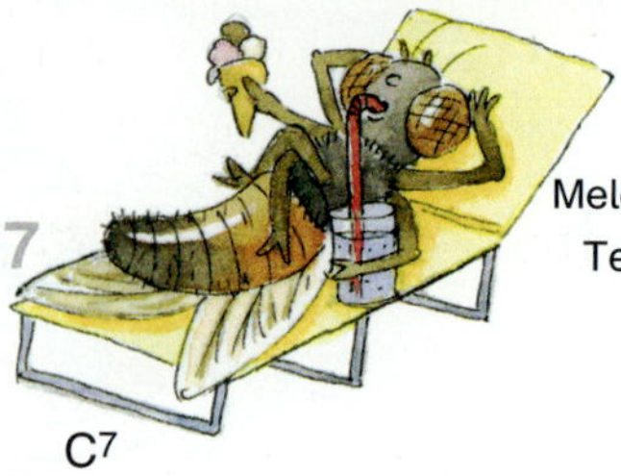

Puck, die Stubenfliege

I/16–17

Melodie: H. Prunkl/W. Meier
Text: H. Prunkl/M. Sarholz

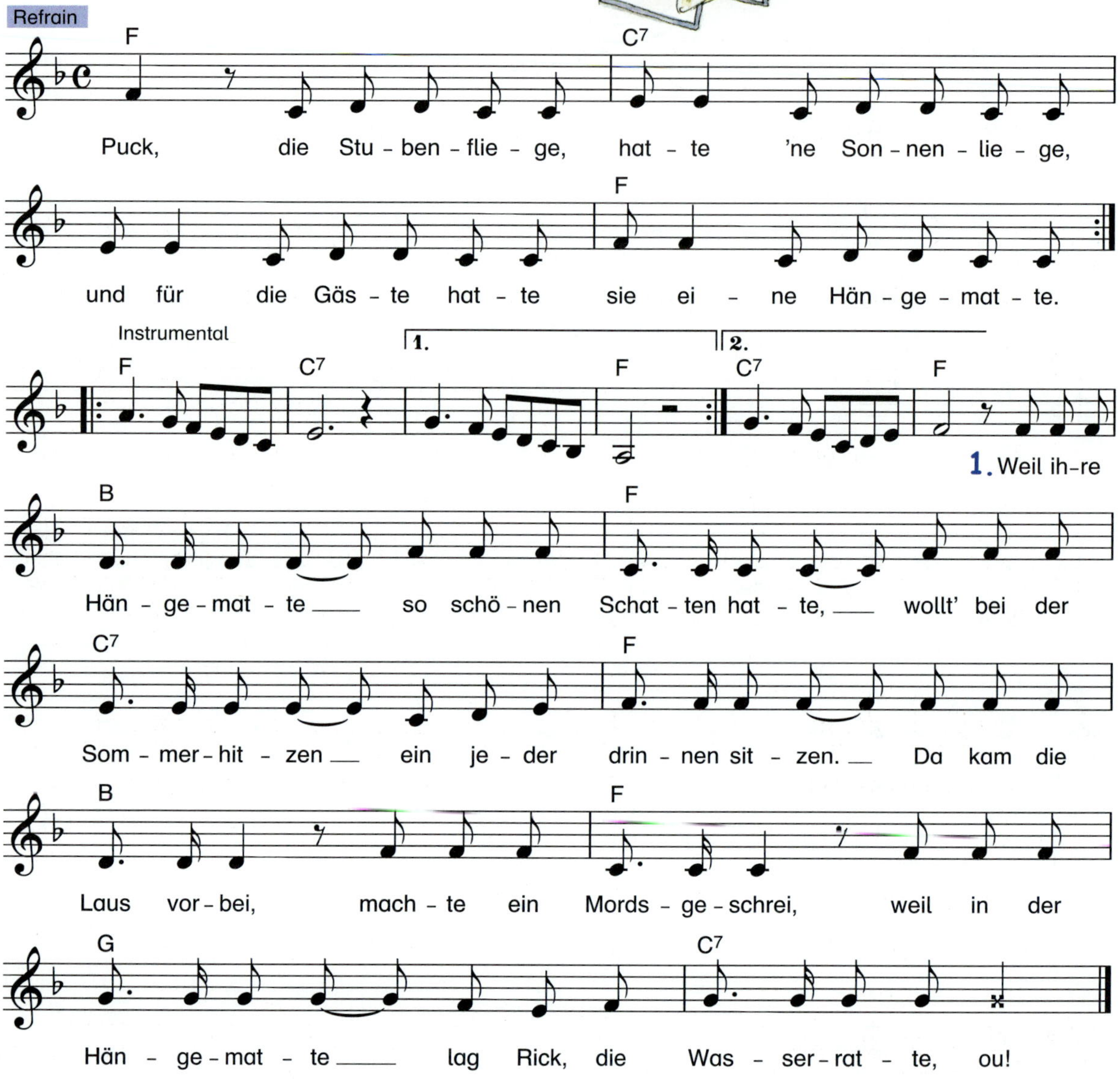
Refrain
F
C7
Puck, die Stu - ben - flie - ge, hat - te 'ne Son - nen - lie - ge,
F
und für die Gäs - te hat - te sie ei - ne Hän - ge - mat - te.
Instrumental
1.
2.
F
C7
F
C7
F
1. Weil ih-re
B
F
Hän - ge - mat - te ___ so schö - nen Schat - ten hat - te, ___ wollt' bei der
C7
F
Som - mer - hit - zen ___ ein je - der drin - nen sit - zen. ___ Da kam die
B
F
Laus vor - bei, mach - te ein Mords - ge - schrei, weil in der
G
C7
Hän - ge - mat - te ___ lag Rick, die Was - ser - rat - te, ou!

Refrain nach der 1. und 2. Strophe:
Doch Puck, die Stubenfliege,
schlief in der Sonnenliege,
hat grad so schön geträumt
und den Besuch versäumt.

2. Dann kam ein Floh gehupft,
Der war rot-grün getupft.
Er fuhr 'ne Riesenkarre
und spielte Rock-Gitarre.
»Mach bisschen Platz da, Mann!«,
fuhr er die Ratte an.
Dann ist er 'reingesprungen
und hat den Song gesungen:

3. »Hey!«, rief die Wasserratte,
»Komm doch auch in die Matte!«
Da macht' die Laus gleich mit,
schon sangen sie zu dritt.
Doch da kam plötzlich Hein,
das dicke Borstenschwein.
»Darf ich auch mal rein?«
Da schrien sie alle:
»Nei… ja, warum denn nicht?!«
(folgt 1. Refrain)

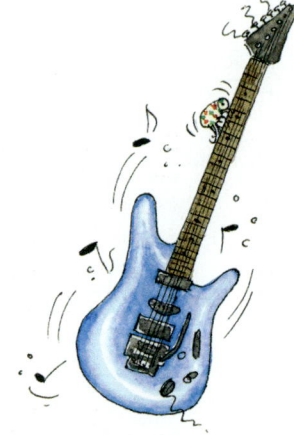

Leer sind die Felder

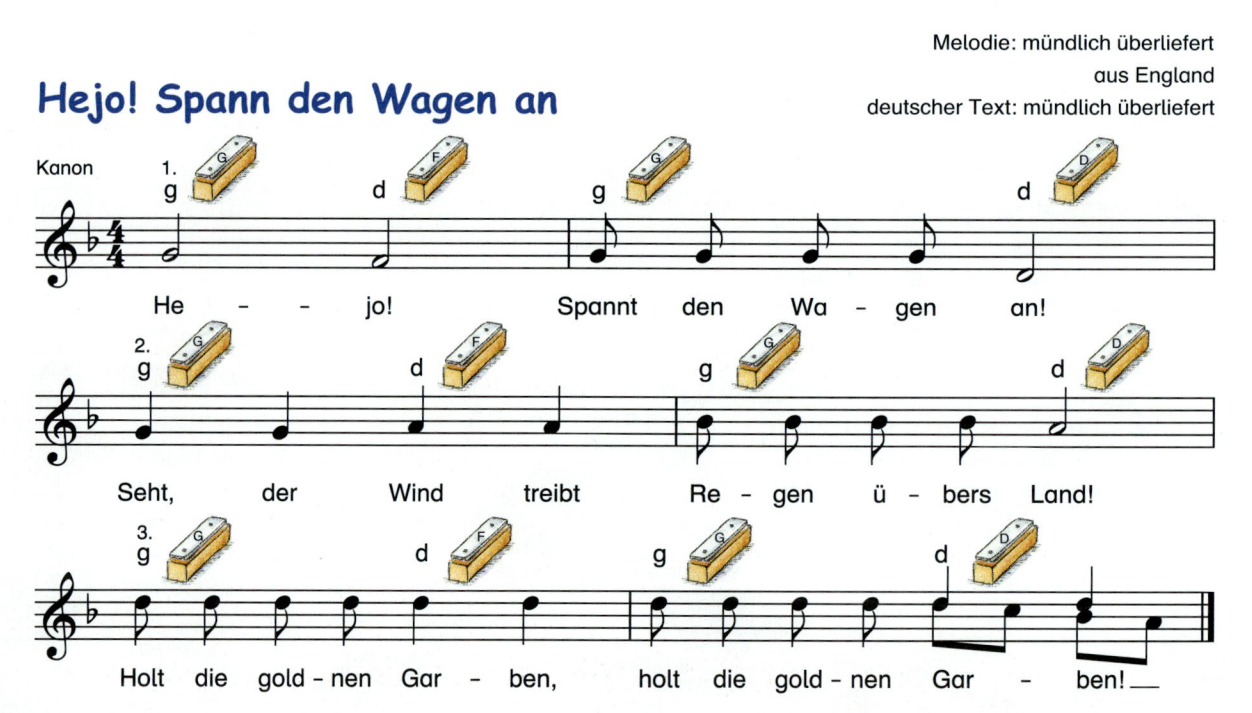

Melodie: mündlich überliefert aus Dänemark
deutscher Text: G. Bünemann

Leer sind die Fel - der und voll __ ist die Scheu - ne,
Heut' lasst uns schüt - teln die al - ler - letz - ten Bäu - me,
und der Mül - ler in der Müh - le mahlt das Korn zu Mehl.
da - rum sind die Bur - schen und die Mäd - chen so fi - del.

Recht die Fel - der ab, a - ber nicht zu knapp!

Vö - ge - lein und Mäus - chen krie - gen auch noch et - was ab.

Zur Begleitung:

Hejo! Spann den Wagen an

Melodie: mündlich überliefert aus England
deutscher Text: mündlich überliefert

Kanon

1. He - jo! Spannt den Wa - gen an!
2. Seht, der Wind treibt Re - gen ü - bers Land!
3. Holt die gold - nen Gar - ben, holt die gold - nen Gar - ben!

Der Herbst ist da

Melodie und Text: H. R. Franzke

1. Der Herbst, der Herbst, der Herbst ist da! Er
   bringt uns Wind, hei hus - sas - sa!
   Schüt-telt ab die Blät - ter,
   bringt uns Re-gen-wet-ter. Hei - a hus-sas-sa, der Herbst ist da!

2. Er bringt uns Obst, hei hussassa!
   Macht die Blätter bunter,
   wirft die Äpfel runter.

3. Er bringt uns Wein, hei hussassa!
   Nüsse auf den Teller,
   Birnen in den Keller.

4. Er bringt uns Spaß, hei hussassa!
   Rüttelt an den Zweigen,
   lässt die Drachen steigen.

Zur Begleitung:

Herbst ist da – Autumn comes

Melodie und Text: mündlich überliefert aus England
deutscher Text: R. Sell

1. Herbst ist da, der Sommer verging, Vögel gen Süden ziehn.
   Leer sind die Felder, stiller die Wälder, Wolken am Himmel fliehn.

1. Autumn comes, the summer is past, winter will come to soon.
   Stars will shine clearer, skies seem nearer, under the harvest moon.

2. Herbst ist da, bald ruhet das Land,
   sommerlich Lied verklingt –
   will nicht mehr fragen,
   will nichts mehr sagen,
   Nebel sein Spiel beginnt.

2. Autumn comes, but let us be glad
   singing an autumn tune.
   Hearts will be lighter,
   nights will be brighter
   under the harvest moon.

Oberstimme (für die Blockflöte, das Glockenspiel, das Keyboard)

34

The north wind does blow –
Der Nordwind, oh weh I/20–21

Melodie und Text:
mündlich überliefert
deutscher Text: H. Lemmermann

The north wind does blow and we shall have snow and what will poor
Der Nord-wind, oh weh, bringt Käl-te und Schnee. Das Rot-kehl-chen

ro-bin do then? He'll sit in a barn and keep him so warm and
flieht in den Stall. Da ist, Gott er-barm', es lau-schig und warm, es

2. Stimme in der Wdh.

1. hide his head un-der his wing, his wing, and
   steckt sei-nen Kopf ins Ge-fie - - - der und
2. wing.
   summt sich ein lus-ti-ges Lied.

Winterschlaf

Melodie: nach einer schwedischen Volksweise
Text: K. W. Hoffmann

2. Stimme nur in der Wdh.

Refrain: Klei - ne I - gel schla - fen gern den gan - zen Win - ter lang.

1. Wenn sie Re - gen hö - ren, kann sie das nicht stö - ren.

Den - ken: Was soll das schon sein? Und schla - fen wie - der ein.

2. Wenn sie Sturmwind hören, … 3. Wenn sie Donner hören, … 4. Wenn sie Schneefall hören, …

E E E G F F F A G E F D E

- Was hören die Igel?
- Spielt die Geräusche zur zweiten Liedzeile.
- Spielt die zweite Stimme in den Wiederholungen der ersten und dritten Liedzeile.

36

Schneeflöckchen, Weißröckchen

Melodie und Text: mündlich überliefert

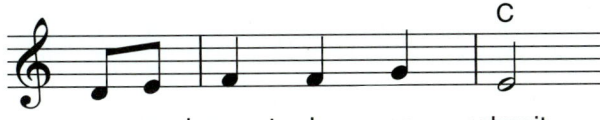

1. Schnee-flöck-chen, Weiß-röck-chen,
wann kommst du ge-schneit,
du_ wohnst in den Wol-ken,
dein_ Weg ist so weit.

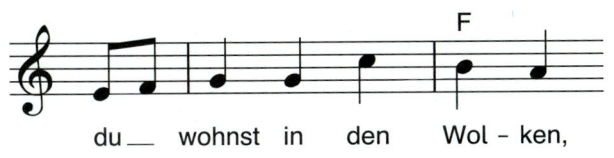

2. Komm setz dich ans Fenster,
du lieblicher Stern,
malst Blumen und Blätter,
wir haben dich gern.

3. Schneeflöckchen, Weißröckchen,
komm zu uns ins Tal,
dann bau'n wir den Schneemann
und werfen den Ball.

Es schneit!

Melodie und Text: R. Zuckowski

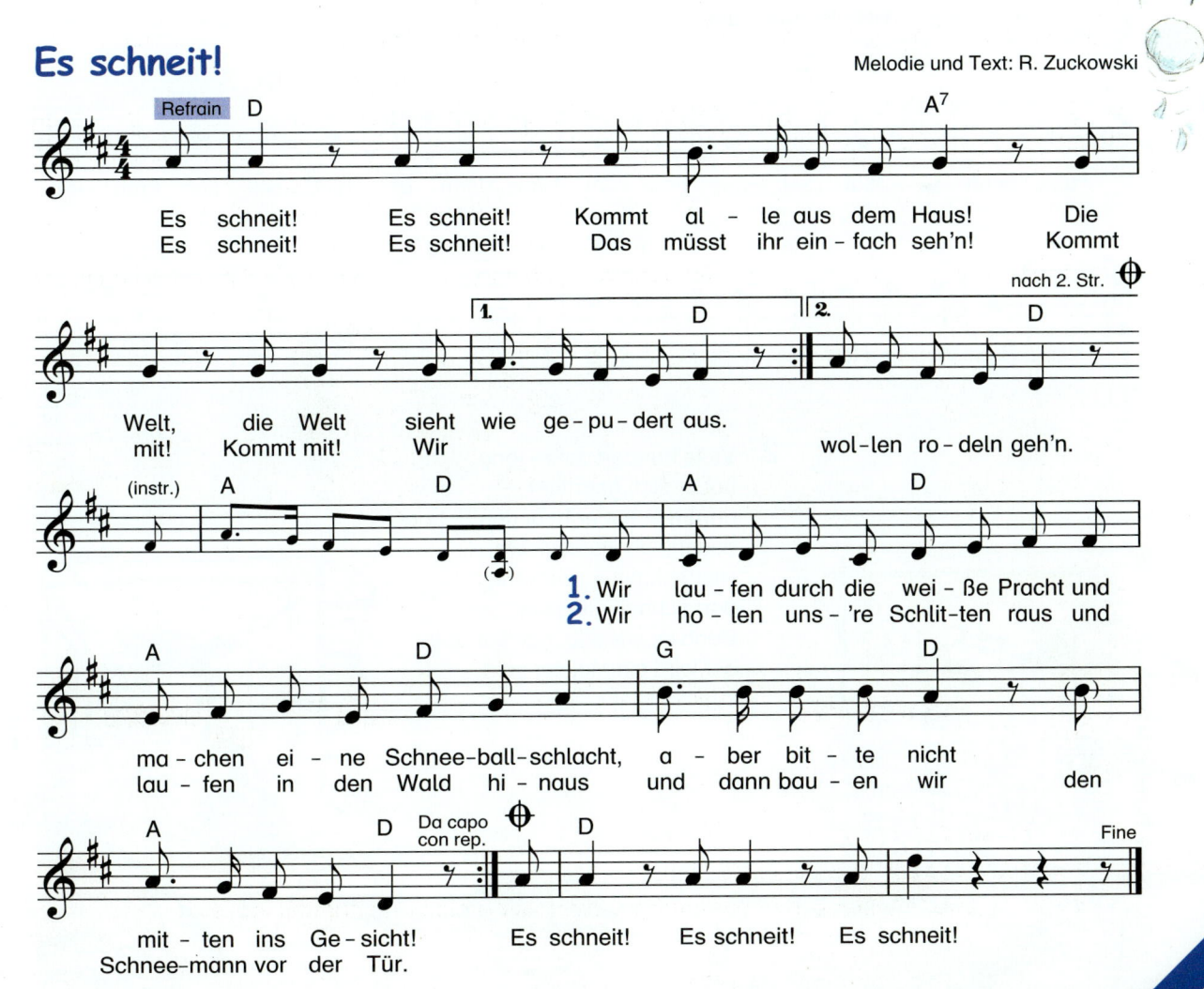

Refrain:
Es schneit! Es schneit! Kommt al-le aus dem Haus! Die Welt, die Welt sieht wie ge-pu-dert aus.
Es schneit! Es schneit! Das müsst ihr ein-fach seh'n! Kommt mit! Kommt mit! Wir wol-len ro-deln geh'n.

1. Wir lau-fen durch die wei-ße Pracht und ma-chen ei-ne Schnee-ball-schlacht, a-ber bit-te nicht mit-ten ins Ge-sicht! Es schneit! Es schneit! Es schneit!

2. Wir ho-len uns-'re Schlit-ten raus und lau-fen in den Wald hi-naus und dann bau-en wir den Schnee-mann vor der Tür.

Herr Holle I/22–23

Melodie: W. Richter-Berlin
Text: C. M. Fiedler

1. Alle Kinder, groß und klein, wissen längst Bescheid, dass Frau Holle Betten macht, wenn es tüchtig schneit. Aber auch dort oben blieb die Zeit nicht steh'n. Und wer durch die Wolken guckt, kann immer öfter seh'n:

Refrain
Herr Holle, Herr Holle, der schüttelt jetzt die Betten aus, die Betten aus, denn er hilft seiner Frau im Haus, denn er hilft seiner Frau im Haus. Herr Holle, Herr Holle, das wird ja Zeit, das wird ja endlich Zeit.

2. Viele hundert Jahre lang
hat er sich gedrückt,
darum streut er heut den Schnee
auch noch ungeschickt.
Hier schneit es zu wenig,
dort schneit alles ein.
Doch ihr wisst ja, nur wer übt,
der wird ein Meister sein.

Jingle Bells I/24

Musik und englischer Text: aus den USA/J. Pierpont
Deutscher Text: H. Cammin

Dash - ing through the snow, in a one - horse o - pen sleigh, and
Durch den Win - ter - wald saust der Pfer - de - schlit - ten schnell, die

o'er the fields we go, laugh - ing all the way. The
Peit - sche lus - tig knallt, Glöck - chen klin - gen hell. Ge -

bells on Bob - tail ring, they're mak - ing spir - its bright, what
läch - ter weit und breit aus al - ler Mun - de springt. Wie

fun it is to ride and sing a sleigh - ing song to - night!
schön ist doch die Win - ter - zeit, wenn's Schlit - ten - lied er - klingt:

Refrain

Jin - gle bells! Jin - gle bells! Jin - gle all the way! Oh, what fun it
Jin - gle bells! Jin - gle bells! Durch den Win - ter - wald, wenn im Takt das

1.
is to ride in a one-horse o - pen sleigh!
Glöck-chen klingt, die Peit-sche lus - tig knallt!

2.
one-horse o - pen sleigh!
Peit-sche lus - tig knallt!

🔸 Spielt die Instrumente zum Lied.
   Lauft wie die Pferde.

Feste feiern!

Happy Birthday! I/25

Melodie: M. J. Hill
englischer Text: P. Smith-Hill
deutscher Text: E. L. Frauenberger

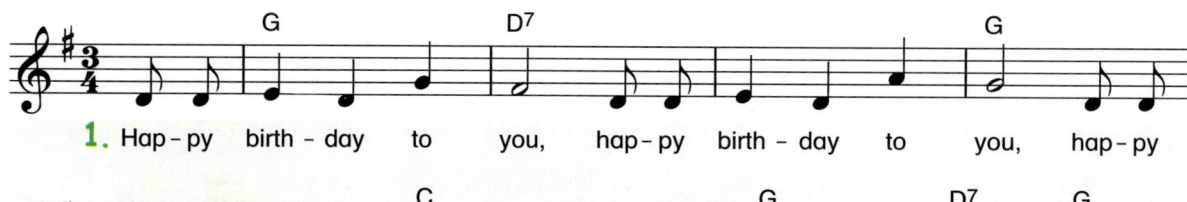

1. Hap-py birth-day to you, hap-py birth-day to you, hap-py birth-day, dear ……… ………, hap-py birth-day to you.

Spanisch:
2. Cumpleaños feliz,
cumpleaños feliz.
Te deseamos todos
Cumpleaños feliz.

Deutsch:
3. Zum Geburtstag viel Glück,
zum Geburtstag viel Glück,
zum Geburtstag, zum Geburtstag,
zum Geburtstag viel Glück!

Französisch:
4. Joyeux anniversaire,
joyeux anniversaire,
joyeux anniversaire,
joyeux anniversaire.

Italienisch:
5. Tanti auguri a te,
tanti auguri a te,
tanti auguri felici,
e la torta a me!

Russisch:
6. Sdnjom roschdenja tebja,
sdnjom roschdenja tebja.
Sdnjom roschdenja posdrawlajem,
sdnjom roschdenja tebja.

Türkisch:
7. Iyi ki doğdun (Namen einsetzen)
iyi ki doğdun …
iyi ki doğdun, iyi ki doğdun,
iyi ki doğdun …

Viel Glück und viel Segen

Melodie und Text: W. Gneist

Kanon

1. Viel Glück und viel Se-gen auf all dei-nen We-gen,
3. Ge-sund-heit und Freu-de sei auch mit da-bei.

Wie schön, dass du geboren bist

Melodie und Text: R. Zuckowski

1. Heu-te kann es reg-nen, stür-men o-der schnei'n, denn du strahlst ja sel-ber wie der Son-nen-schein. Heut ist dein Ge-burts-tag, da-rum fei-ern wir, al-le dei-ne Freun-de freu-en sich mit dir. Al-le dei-ne Freun-de freu-en sich mit dir.

Refrain
Wie schön, dass du ge-bo-ren bist, wir hät-ten dich sonst sehr ver-misst. Wie schön, dass wir bei-sam-men sind, wir gra-tu-lie-ren dir, Ge-burts-tags-kind. Wie kind.

2. Unsre guten Wünsche haben ihren Grund:
   Bitte bleib noch lange glücklich und gesund.
   Dich so froh zu sehen, ist was uns gefällt.
   Tränen gibt es schon genug auf dieser Welt.
   Tränen gibt es schon genug auf dieser Welt.

3. Montag, Dienstag, Mittwoch, das ist ganz egal,
   dein Geburtstag kommt im Jahr doch nur einmal.
   Darum lasst uns feiern, dass die Schwarte kracht,
   heute wird getanzt, gesungen und gelacht.
   Heute wird getanzt, gesungen und gelacht.

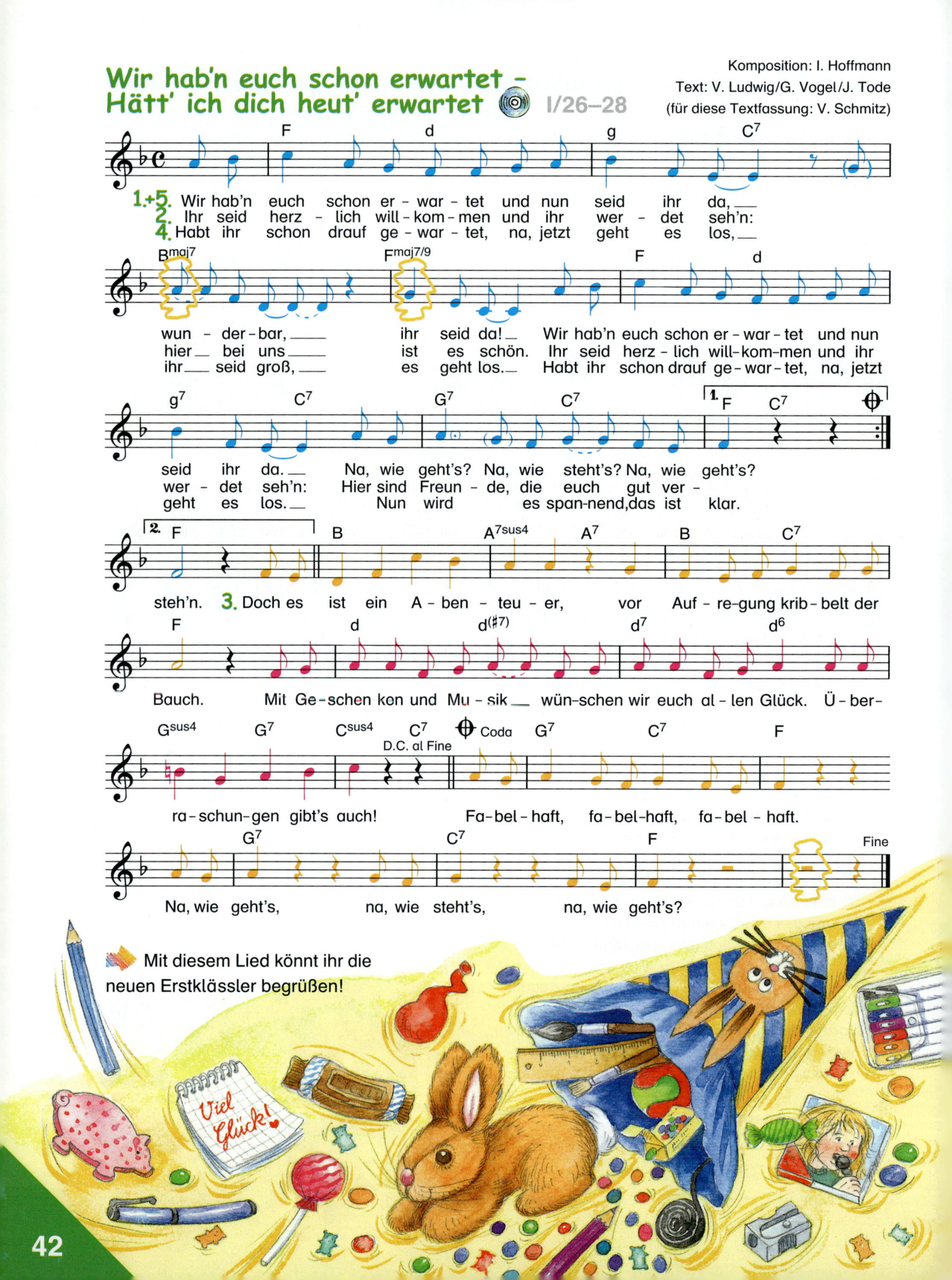

Wir hab'n euch schon erwartet – Hätt' ich dich heut' erwartet

Komposition: I. Hoffmann
Text: V. Ludwig/G. Vogel/J. Tode
(für diese Textfassung: V. Schmitz)

I/26–28

1.+5. Wir hab'n euch schon er-war-tet und nun seid ihr da,
2. Ihr seid herz-lich will-kom-men und ihr wer-det seh'n:
4. Habt ihr schon drauf ge-war-tet, na, jetzt geht es los,

wun-der-bar, ihr seid da! Wir hab'n euch schon er-war-tet und nun
hier bei uns ist es schön. Ihr seid herz-lich will-kom-men und ihr
ihr seid groß, es geht los. Habt ihr schon drauf ge-war-tet, na, jetzt

seid ihr da. Na, wie geht's? Na, wie steht's? Na, wie geht's?
wer-det seh'n: Hier sind Freun-de, die euch gut ver-
geht es los. Nun wird es span-nend, das ist klar.

steh'n. 3. Doch es ist ein A-ben-teu-er, vor Auf-re-gung krib-belt der

Bauch. Mit Ge-schen-kon und Mu-sik wün-schen wir euch al-len Glück. Ü-ber-

ra-schun-gen gibt's auch! Fa-bel-haft, fa-bel-haft, fa-bel-haft.

Na, wie geht's, na, wie steht's, na, wie geht's?

🖌 Mit diesem Lied könnt ihr die neuen Erstklässler begrüßen!

Hätt' ich dich heut' erwartet

1.+5. Hätt' ich dich heut' erwartet,
hätt' ich Kuchen da, Kuchen da, Kuchen da.
Hätt' ich dich heut' erwartet, hätt' ich Kuchen da.
Na, wie geht's, na, wie steht's, na, wie geht's?

2. Hätt'st du nur 'was gesagt, ich hätt' 'ne Band bestellt,
die tollste Band von der Welt.
Hätt'st du nur was gesagt, ich hätt' 'ne Band bestellt
und dich empfangen mit Trara.

3. Ja, ich weiß nicht, wo du herkommst,
bei dir kenn ich mich nicht aus.
Aber das hat nichts zu sagen
und ich will dich auch nicht fragen.
Komm, fühl' dich wie zu Haus.

4. Hätt' ich dich heut' erwartet,
hätt' ich Kuchen da, mit Musik und Trara.
Hätt' ich dich heut' erwartet, hätt' ich Kuchen da.
Na, wie geht's, na, wie steht's, na, wie geht's?

Coda Fabelhaft, fabelhaft, fabelhaft.
Na, wie geht's, na, wie steht's, na, wie geht's?

Diesen Text singt Ernie in der »Sesamstraße« zur gleichen Melodie.

Zur Begleitung

Trat ich heute vor die Türe

Melodie: H. Lemmermann
Text: Ch. Süßmann

1. Trat ich heute vor die Türe, sapperlot, was sah ich da? Cha-Cha-Cha! Und die Hühner und die Tauben machten »meck« und schrien »muh« und das Pferd mit seinen Hufen klapperte den Takt dazu.

Tanzte doch die Gans Agathe mit dem Truthahn

2. Max, der Esel und die Schweine
tanzten sehr vergnügt zu dritt.
Selbst die dicke Kuh Babette
wiegte sich im Walzerschritt.
Mieze bellte, Karo schnurrte
und die Ziege auf dem Mist
krähte sich die Kehle heiser,
weil doch heute Fastnacht ist.

Faschingsshow I/29–30

Melodie und Text: BK

Refrain

♩ = 138

Oooh – heu - te gibts Ra - dau. Bän - ge - läng, rin - ge - ling, klapp di klapp *1 *2 *3

und wum - ta - ta! Oooh – heut' ist Fa - schings - show. Peng peng, wau *4 *5 *6

wau, uh! Wenn du wis - sen willst, wer hin - ter der Ver - klei - dung steckt: *7

Wart' bis mor - gen, denn heut' sind wir al - le jeck! *Fine*

1. E - le - fan - ten, Dro - me - da - re, Kat - zen, Hun - de und ein Huhn quie - ken
   Zau - be - rer, Prin - zes - sin aus der Mi - Ma - Mär - chen - welt tref - fen
3. Mi - ckey Mouse und Käp - t'n Blau - bär ste - hen schon am Mi - kro - fon. Je - der
   Lang - strumpf und Herr Nil - sson tan - zen ei - nen Rock - 'n' - Roll. Und die

nach 2. Strophe D.C. –
nach 4. Str. D.C. al Fine

al - le durch - ei - nan - der, denn sonst hab'n sie nichts zu tun. He - xen
Su - per - man und Bat - man, ob das ih - nen auch ge - fällt?
rappt in sei - ner Stim - mung. Ach, was für ein schö - ner Ton! Pip - pi
Maus piepst ganz, ganz lei - se: Oh, wie ist die Stim - mung toll!

Bewegungsanleitung:

*1 (bängeläng): in Ohrhöhe mit den Händen wackeln
*2 (ringeling): mit den Hüften wackeln
*3 (klapp di klapp): in die Hände klatschen
*4 (wumtata): mit den Füßen trampeln
*5 (peng peng): Pistolen imitieren und »schießen«
*6 (wau wau): rufen
*7 (uh!): Unterarme hochwerfen

Hasen-Swing I/31–32

Melodie: L. Wittmann
Text: R. Urbanek

Intro = M-ta-ta …

1. Es malen vier Hasen zur Osterfeier wie jedes Jahr brav Ostereier. Zunächst beginnt man recht geschwind, doch als sechs Eier fertig sind, da macht der erste sich den Spaß und taucht ein Ohr ins Farbenglas.

2. »Wie siehst du aus!«, die andern schrei'n. »Ein rotes Ohr! Du bist ein Schwein!« Was unser'n Hasen wenig stört. Im Gegenteil, was tut er? Hört: Er streicht mit roter Farbe auch sich seinen weichen Hasenbauch.

3. Und nun, auf einmal, sind die drei gleichfalls für Hasenfärberei. Der zweite fasst ein Herz sich schnell, bedeckt mit Schwarz sein ganzes Fell, der dritte Hase wird schön bunt, er tupft Orange auf gelben Grund.

4. Der vierte malt sich blaue Streifen und dreht die Ohren schick zu Schleifen. Er singt ein Lied aus vollem Hals. Die andern singen ebenfalls und tanzen stundenlang im Kreis, die meisten Eier bleiben weiß!

Refrain: M-ta-ta, m-ta-ta, m-ta-ta, m-ta, m-ta-ta, m-ta-ta, m-ta-ta.

Stups, der kleine Osterhase

Musik und Text: R. Zuckowski
vereinfachte Fassung: WDL

Refrain

Stups, der klei-ne Os-ter-ha-se, fällt an-dau-ernd auf die Na-se,
ganz e-gal, wo-hin er lief, im-mer ging ihm et-was schief.

1. Neu-lich leg-te er die Ei-er in den Schuh von Fräu-lein Mei-er.
Früh am Mor-gen stand sie auf, da nahm das Schick-sal sei-nen Lauf:
Sie stieg in den Schuh hi-nein, schrie noch ein-mal kurz: »Oh, nein!«
Als sie dann das Rühr-ei sah, wuss-te sie schon, wer das war.

2. In der Osterhasenschule
wippte er auf seinem Stuhle
mit dem Pinsel in der Hand,
weil er das so lustig fand.
Plötzlich ging die Sache schief,
als er nur noch »Hilfe« rief,
fiel der bunte Farbentopf
ganz genau auf seinen Kopf.

3. Bei der Henne Tante Berta
traf das Schicksal ihn noch härter,
denn sie war ganz aufgeregt,
weil sie grad' ein Ei gelegt.
Stups, der viele Eier braucht,
schlüpfte unter ihren Bauch.
Berta, um ihn zu behüten,
fing gleich an, ihn auszubrüten.

4. Paps, der Osterhasenvater,
hat genug von dem Theater
und er sagt mit ernstem Ton:
»Hör mal zu, mein lieber Sohn!

Deine kleinen Abenteuer
sind mir nicht mehr ganz geheuer.«
Stups, der sagt: »Das weiß ich schon,
wie der Vater, so der Sohn!«

Milli und Molli beim Laternenumzug

Melodie und Text: V. Rosin
Textbearbeitung: BK

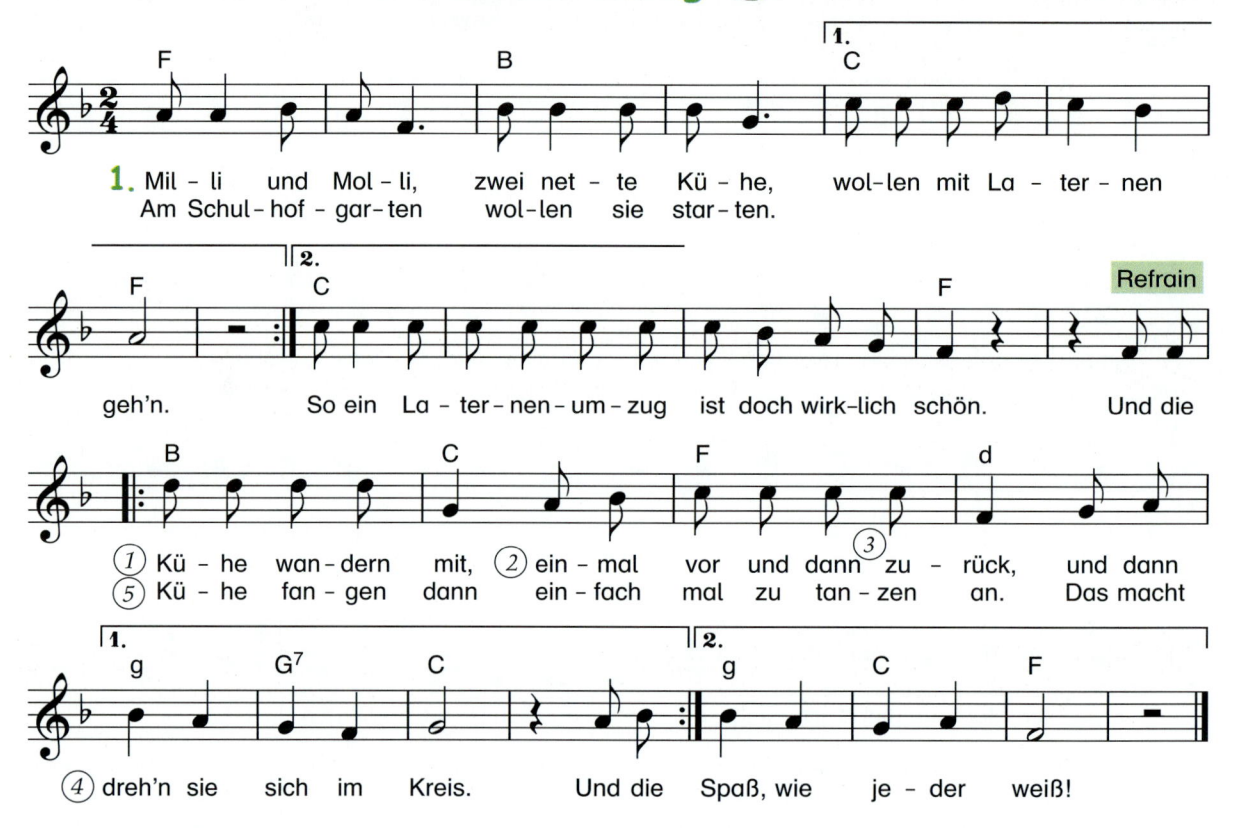

I/34

1. Mil - li und Mol - li, zwei net - te Kü - he, wol - len mit La - ter - nen geh'n.
   Am Schul - hof - gar - ten wol - len sie star - ten.

Refrain
So ein La - ter - nen - um - zug ist doch wirk - lich schön. Und die

① Kü - he wan - dern mit, ② ein - mal vor und dann ③ zu - rück, und dann
⑤ Kü - he fan - gen dann ein - fach mal zu tan - zen an. Das macht

④ dreh'n sie sich im Kreis. Und die Spaß, wie je - der weiß!

2. Milli und Molli, zwei nette Kühe,
   zünden die Laternen an.
   Man sieht schon Kinder, Eltern dahinter,
   unser Laternenumzug läuft die Straßen lang.

3. Milli und Molli, zwei nette Kühe,
   sind schon ganz aufgeregt.
   Jetzt kann's beginnen, Kinder, die singen,
   mit den Laternen gehen wir jetzt unsern Weg.

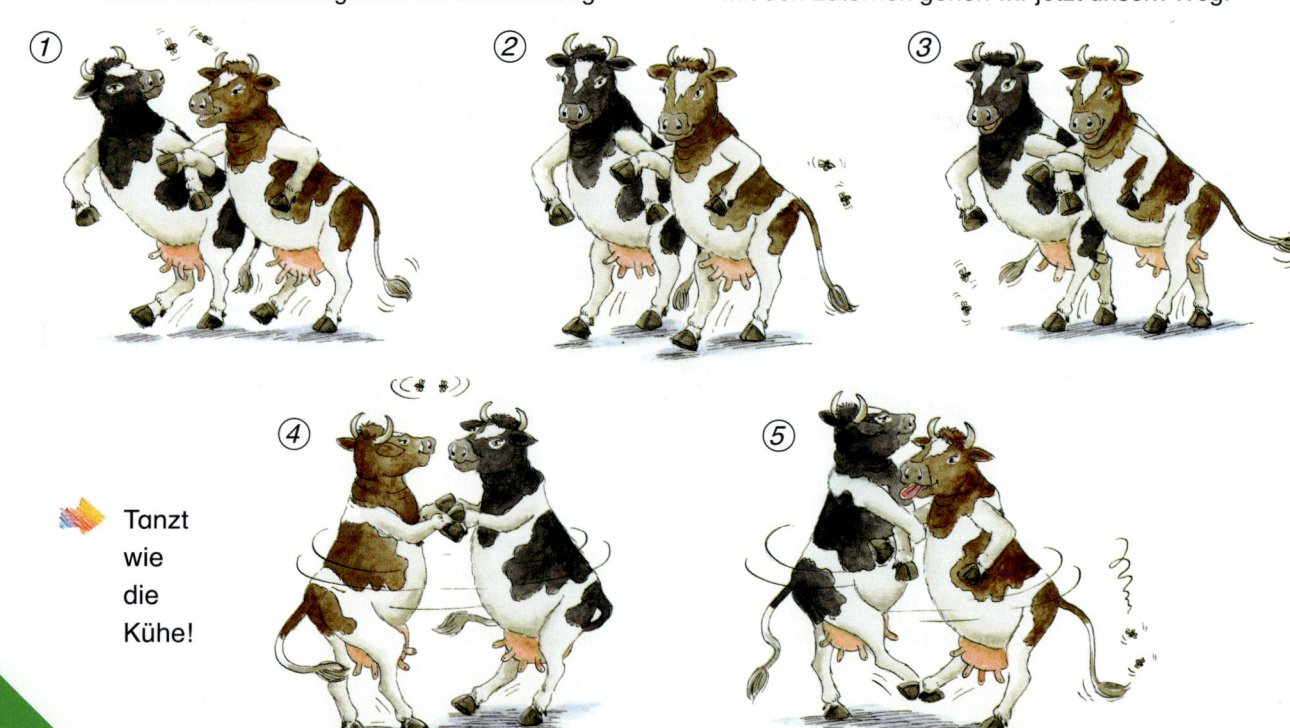

Tanzt wie die Kühe!

Ich geh' mit meiner Laterne

Melodie und Text:
mündlich überliefert aus Holstein
Satz: TP

Refrain

Ich geh' mit mei-ner La-ter-ne und mei-ne La-ter-ne mit mir.
Da o-ben leuch-ten die Ster-ne und un-ten, da leuch-ten wir.

1. Der Hahn, der kräht, die Katz' mi-aut. Ra-bim-mel, ra-bam-mel, ra-bumm.

2. Ich trag mein Licht und fürcht' mich nicht!
3. Laternenlicht, verlösch mir nicht!
4. Der Martinsmann, der zieht voran!

5. Wie schön es klingt, wenn jeder singt!
6. Mein Licht ist aus, wir geh'n nach Haus.

Zur Begleitung

Xylofon

La-ter-ne, La-ter-ne, La-ter-ne brennt.

Metallofon

Ein armer Mann

Melodie: P. Janssens
Text: R. Krenzer

1. Ein armer Mann, ein armer Mann, der klopft an viele Türen an.
Er hört kein gutes Wort und jeder schickt ihn fort.
Er hört kein gutes Wort, und jeder schickt ihn fort.

2. Ihm ist so kalt, er friert so sehr.
   Wo kriegt er etwas Warmes her?
   ‖: Er hört kein gutes Wort
   und jeder schickt ihn fort. :‖

3. Der Hunger tut dem Mann so weh
   und müde stapft er durch den Schnee.
   ‖: Er hört kein gutes Wort
   und jeder schickt ihn fort. :‖

4. Da kommt daher ein Reitersmann,
   der hält sogleich sein Pferd hier an.
   ‖: Er sieht den Mann im Schnee
   und fragt »Was tut dir weh?« :‖

5. Er teilt den Mantel und das Brot
   und hilft dem Mann in seiner Not.
   ‖: Er hilft so gut er kann;
   Sankt Martin heißt der Mann. :‖

6. Teilen wir unser Gut und Geld
   mit all den Armen auf der Welt!
   ‖: Wenn jeder etwas hat,
   dann werden alle satt. :‖

7. Denkst du, dafür bist du zu klein,
   kannst du grad wie Sankt Martin sein.
   ‖: Beim Teilen ist das so:
   Wer gibt und nimmt wird froh. :‖

8. Zum Martinstag steckt jeder Mann
   leuchtende Laternen an.
   ‖: Vergiss den andern nicht,
   drum brennt das kleine Licht. :‖

Durch die Straßen

Melodie: R. R. Klein
Text: L. Holzmeister

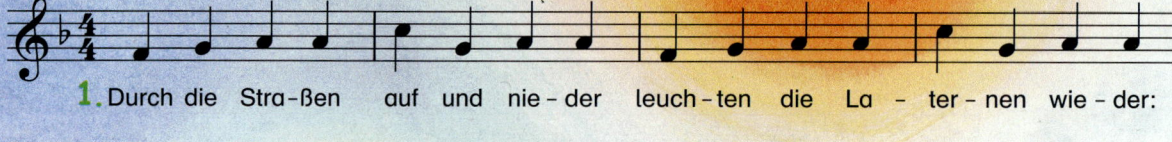

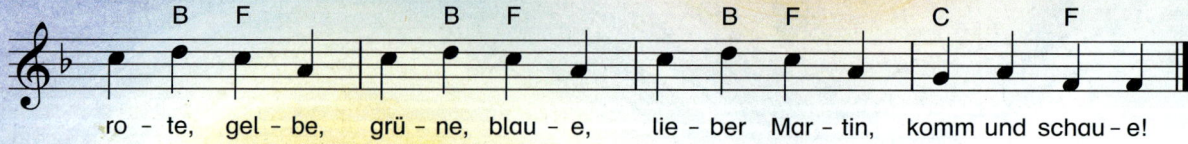

1. Durch die Straßen auf und nieder leuchten die Laternen wieder:
rote, gelbe, grüne, blaue, lieber Martin, komm und schaue!

2. Wie die Blumen in dem Garten blühn Laternen aller Arten: rote, gelbe …
3. Und wir gehen lange Strecken mit Laternen an den Stecken: rote, gelbe …

Martin, Martin

Melodie: mündlich überliefert
Text: Pfarrer Lasius aus Erfurt, um 1800

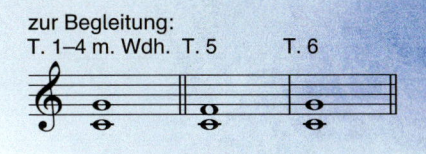

1. Mar - tin, Mar - tin, Mar - tin war ein from - mer Mann,
   zün - det vie - le Lich - ter an,
   dass er o - ben se - hen kann,
   was er un - ten hat ge - tan.

zur Begleitung:
T. 1–4 m. Wdh. T. 5 T. 6

2. Martin, Martin,
   Martin ritt durch dunklen Wald,
   Wind, der wehte bitterkalt,
   saß am Weg ein Bettler alt,
   wäre da erfroren bald.

3. Martin, Martin,
   Martin hält und unverweilt
   seinen Mantel mit ihm teilt,
   ohne Dank er weiter eilt,
   Bettlers Not war nun geheilt.

4. Martin, Martin,
   Martin war ein frommer Mann,
   stimmt ihm frohe Lieder an,
   dass er oben hören kann,
   was er unten hat getan.

Sankt Martin, du guter Mann

Melodie: M. Bauer
Text: R. Krenzer

1. Sankt Mar - tin, Sankt Mar - tin, du gu - ter Mann, so
   rei - te, bit - te, rei - te heut un - ser'm Zug vo - ran! Ach,
   rei - te, bit - te, rei - te heut un - ser'm Zug vo - ran.

2. Sankt Martin, dein Mantel ist dick und warm.
   Du teilst ihn mit dem Bettler, denn der ist doch so arm.
3. Gäb' jeder wie Martin so leicht was her,
   dann gäb' es auf der Erde bald keine Armen mehr.
4. Wir zieh'n hinter Martin im langen Zug.
   Sankt Martin, lehr' uns teilen! Wir haben doch genug.
5. Es sagt die Laterne mit ihrem Licht:
   Vergesst wie Sankt Martin den andern Menschen nicht!
6. Sankt Martin, Sankt Martin, du guter Mann,
   drum reite, darum reite heut' unser'm Zug voran.

Wir sagen euch an den lieben Advent

Melodie: H. Rohr
Text: M. Ferschl

1. Wir sagen euch an den lieben Advent. Sehet die erste Kerze brennt!
   Wir sagen euch an eine heilige Zeit. Machet dem Herrn die Wege bereit!
   Refrain: Freut euch, ihr Christen, freuet euch sehr! Schon ist nahe der Herr.

2. Wir sagen euch an den lieben Advent. Sehet, die zweite Kerze brennt!
   So nehmet euch eins um das andere an, wie auch der Herr an uns getan!

3. Wir sagen euch an den lieben Advent! Sehet, die dritte Kerze brennt!
   Nun tragt eurer Güte hellen Schein weit in die dunkle Welt hinein!

4. Wir sagen euch an den lieben Advent. Sehet die vierte Kerze brennt!
   Gott wird selber kommen, er zögert nicht. Auf, auf, ihr Herzen und werdet licht!

Leise rieselt der Schnee

Melodie: mündlich überliefert
Text: E. Ebel

1. Leise rieselt der Schnee,
   still und starr ruht der See;
   weihnachtlich glänzet der Wald:
   Freue dich, Christkind kommt bald!

2. In den Herzen wird's warm,
   still schweigt Kummer und Harm,
   Sorge des Lebens verhallt:
   Freue dich, Christkind kommt bald!

3. Bald ist heilige Nacht,
   Chor der Engel erwacht,
   hört nur, wie lieblich es schallt:
   Freue dich, Christkind kommt bald.

In der Weihnachtsbäckerei

Melodie und Text: R. Zuckowski

Refrain:
In der Weihnachtsbäckerei gibt es manche Leckerei. Zwischen Mehl und Milch macht so mancher Knilch eine riesengroße Kleckerei. In der Weihnachtsbäckerei, in der Weihnachtsbäckerei.

1. Wo ist das Rezept geblieben von den Plätzchen, die wir lieben?
   Wer hat das Rezept verschleppt?
   Na, dann müssen wir es packen, einfach frei nach Schnauze backen.
   Schmeißt den Ofen an und ran!

2. Brauchen wir nicht Schokolade,
   Honig, Nüsse und Sukkade
   und ein bisschen Zimt? Das stimmt!
   Butter, Mehl und Milch verrühren,
   zwischendurch einmal probieren
   und dann kommt das Ei: Vorbei!

3. Bitte mal zur Seite treten,
   denn wir brauchen Platz zum Kneten.
   Sind die Finger rein? Du Schwein!
   Sind die Plätzchen, die wir stechen,
   erst mal auf den Ofenblechen,
   warten wir gespannt: Verbrannt!

Lasst uns froh und munter sein

Melodie und Text: mündlich überliefert aus dem Hunsrück

1. Lasst uns froh und munter sein und uns recht von Herzen freu'n! Lustig, lustig, tralerala, bald ist Niklausabend da, bald ist Niklausabend da.

2. Dann stell' ich den Teller auf,
   Niklaus legt gewiss was drauf.

3. Wenn ich schlaf', dann träume ich:
   Jetzt bringt Niklaus was für mich.

4. Wenn ich aufgestanden bin,
   lauf' ich schnell zum Teller hin.

5. Niklaus ist ein guter Mann,
   dem man nicht g'nug danken kann.

Die Wi-, Wa-, Weihnachtsmaus

I/35

Melodie und Text: Knister

1. Die Wie-, die Wa-, die Weihnachtsmaus, die freut sich auf den Weihnachtsschmaus. In ihrem Mi-, Ma-, Mäusenest träumt sie vom nächsten (krui) Weihnachtsfest.

2. Der Ki-, der Ka-, der Kirchturmhahn
   zieht Weihnachten die Handschuh' an.
   Sein Fi-, sein Fa-, sein Federkleid
   ist Weihnachten meist (kikeriki) zugeschneit.

3. Das Sti-, das Sta-, das Storchenpaar
   ist Weihnachten in Afrika.
   Die Sonne schi, scha, scheint so heiß,
   drum gibt's zur Weihnacht (schmatz) Himbeereis.

4. Die Mi-, die Ma-, die Maulwurfsfrau
   hält Winterschlaf im Maulwurfsbau.
   Sie kennt kein Wi-, Wa-, Weihnachtsfest,
   denn jeden Winter (schnarch) schläft sie fest.

Erfindet weitere verrückte Tierstrophen!

Stern über Betlehem

Melodie und Text: A.H. Zoller

1. Stern über Betlehem, zeig uns den Weg,
führ uns zur Krippe hin, zeig, wo sie steht,
leuchte du uns voran, bis wir dort sind,
Stern über Betlehem, führ uns zum Kind!

2. Stern über Betlehem, nun bleibst du stehn
und lässt uns alle das Wunder hier sehn,
das da geschehen, was niemand gedacht,
Stern über Betlehem in dieser Nacht.

3. Stern über Betlehem, wir sind am Ziel,
denn dieser arme Stall birgt doch so viel!
Du hast uns hergeführt, wir danken dir.
Stern über Betlehem, wir bleiben hier!

4. Stern über Betlehem, kehr'n wir zurück,
steht noch dein heller Schein in unserm Blick,
und was uns froh gemacht, teilen wir aus.
Stern über Betlehem, schein auch zu Haus.

Vorspiel und Begleitung

Glockenspiel/Xylofon

Metallofon

Was soll das bedeuten?

Melodie und Text: mündlich überliefert

1. Was soll das be - deu - ten? Es ta - get ja schon.
   Ich weiß wohl, es geht erst um Mit - ter - nacht rum.
   Schaut nur da - her, schaut nur da - her! Wie
   glän - zen die Stern - lein je län - ger je mehr.

2. Treibt zusammen, treibt zusammen die Schäflein fürbass!
   Treibt zusammen, treibt zusammen, dort zeig ich euch was:
   Dort in dem Stall, dort in dem Stall
   werd't Wunderding sehen, treibt zusammen einmal!

3. Ich hab' nur ein wenig von weitem geguckt,
   da hat mir mein Herz schon vor Freuden gehupft:
   Ein schönes Kind, ein schönes Kind
   liegt dort in der Krippe bei Esel und Rind.

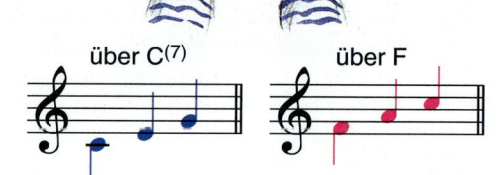

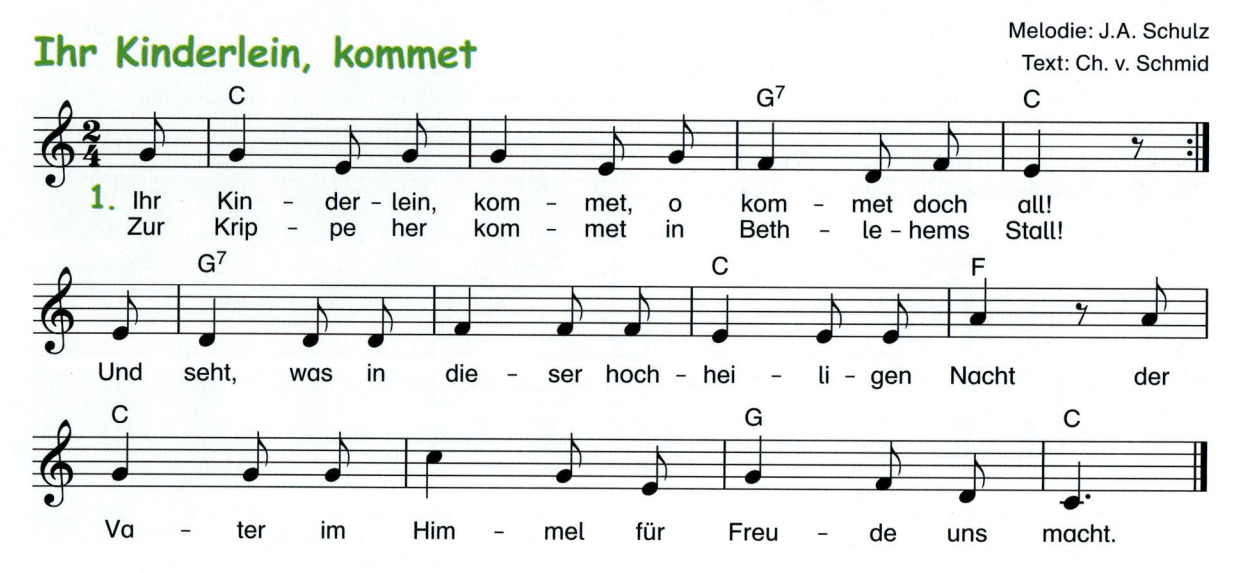

über C$^{(7)}$ über F

Ihr Kinderlein, kommet

Melodie: J.A. Schulz
Text: Ch. v. Schmid

1. Ihr Kin - der - lein, kom - met, o kom - met doch all!
   Zur Krip - pe her kom - met in Beth - le - hems Stall!
   Und seht, was in die - ser hoch - hei - li - gen Nacht der
   Va - ter im Him - mel für Freu - de uns macht.

2. Da liegt es, das Kindlein, auf Heu und auf Stroh,
   Maria und Joseph betrachten es froh.
   Die redlichen Hirten knien betend davor,
   hoch oben schwebt jubelnd der Engelein Chor.

Spielt die Melodie auf Blockflöten, Tasteninstrumenten und Stabspielen.

Joseph, lieber Joseph mein

Melodie und Text aus dem lateinischen Weihnachtshymnus »Resonet in laudibus«

1. Jo - seph, lie - ber Jo - seph mein, Gott, der wird dein
   hilf mir wie - gen das Kin - de - lein,
   Loh - ner sein, im Him - mel - reich, der Jung - frau Sohn Ma - ri - a.

2. Gerne, liebe Maria mein, helf' ich wiegen das Kindelein,
   Gott, der wird mein Lohner sein, im Himmelreich, der Jungfrau Sohn Maria.

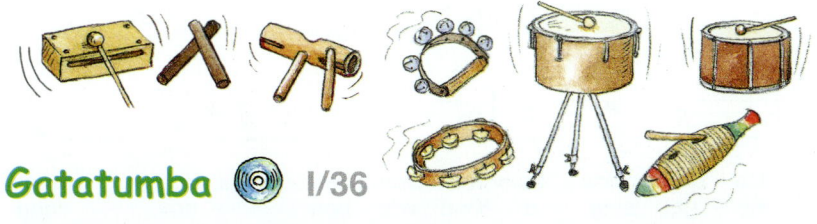

Gatatumba I/36

mündlich überliefert aus Spanien
deutscher Text: H. Lemmermann

1. Ga - ta - tum - ba, ga - ta - tum - ba, con pan - de - ros y so - na - jas,
   ga - ta - tum - ba, ga - ta - tum - ba, no te me - tas en las pa - jas.

Refrain
Ga - ta - tum - ba, ga - ta - tum - ba, al - le Men - schen wol - len sin - gen!
Ga - ta - tum - ba, ga - ta - tum - ba, al - le Stim - men sol - len klin - gen!
Ga - ta - tum - ba, ga - ta - tum - ba, to - ca el pi - to y el ra - bel:
Ga - ta - tum - ba, ga - ta - tum - ba, hoch am Him - mel steht ein Stern!
Ga - ta - tum - ba, ga - ta - tum - ba, tam - bo - ril y cas - ca - bel.
Ga - ta - tum - ba, ga - ta - tum - ba, leuch - tet uns den Weg von fern.

2. Gatatumba, gatatumba,
   die Gitarren und die Geigen,
   gatatumba, gatatumba,
   wollen auch nicht länger schweigen.

3. Gatatumba, gatatumba,
   Pauken, Trommeln, Kastagnetten,
   gatatumba, gatatumba,
   hol'n die Schläfer aus den Betten.

> Spielt eine freie Rhythmusbegleitung zum Lied.
> Ihr könnt die vier Lieder zu einem szenischen Spiel verbinden.

... und Frieden für die Welt – Mary's Boy Child I/37

Melodie und englischer Text: J. Hairston
deutscher Text: R. Zuckowski

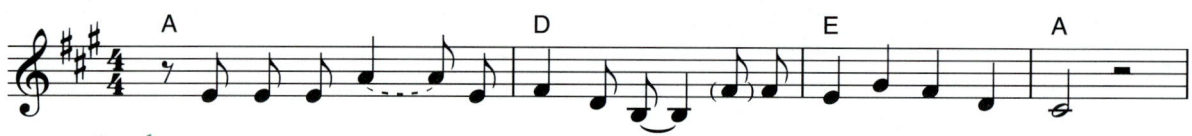

1. Vor lan-ger Zeit____ in Beth-le-hem, so wird es uns er-zählt,
2. Jo-seph, ihr Mann, knie-te ne-ben ihr, die Tie-re sa-hen zu.
1. Long time a-go____ in Beth-le-hem so the Ho-ly Bi-ble say,

brach-te Ma-ri-a ih-ren Sohn in ei-nem Stall zur Welt.
So leg-ten sie auf Heu und Stroh ihr klei-nes Kind zur Ruh'!
Ma-ry's Boy Child Je-sus Christ was born on Christ-mas Day.

Refrain

Bald schon klang ein En-gels-chor he-rab vom Him-mels-zelt: Freut
Hark, now hear the an-gel sing, a King was born to-day, and

euch, ihr Men-schen ü-ber-all,____ und Frie-den für die Welt.
Man will live for ev-er-more be-cause of Christ-mas Day.

3. Die Hirten auf dem Felde sah'n
in strahlend hellem Licht
den Engel, der zu ihnen trat
und sprach: »Fürchtet euch nicht!

4. Denn siehe, ich verkündige
euch allen große Freud'.
Jesus Christus, Gottes Sohn,
ist euch geboren heut!«

Zumba, zumba II/1

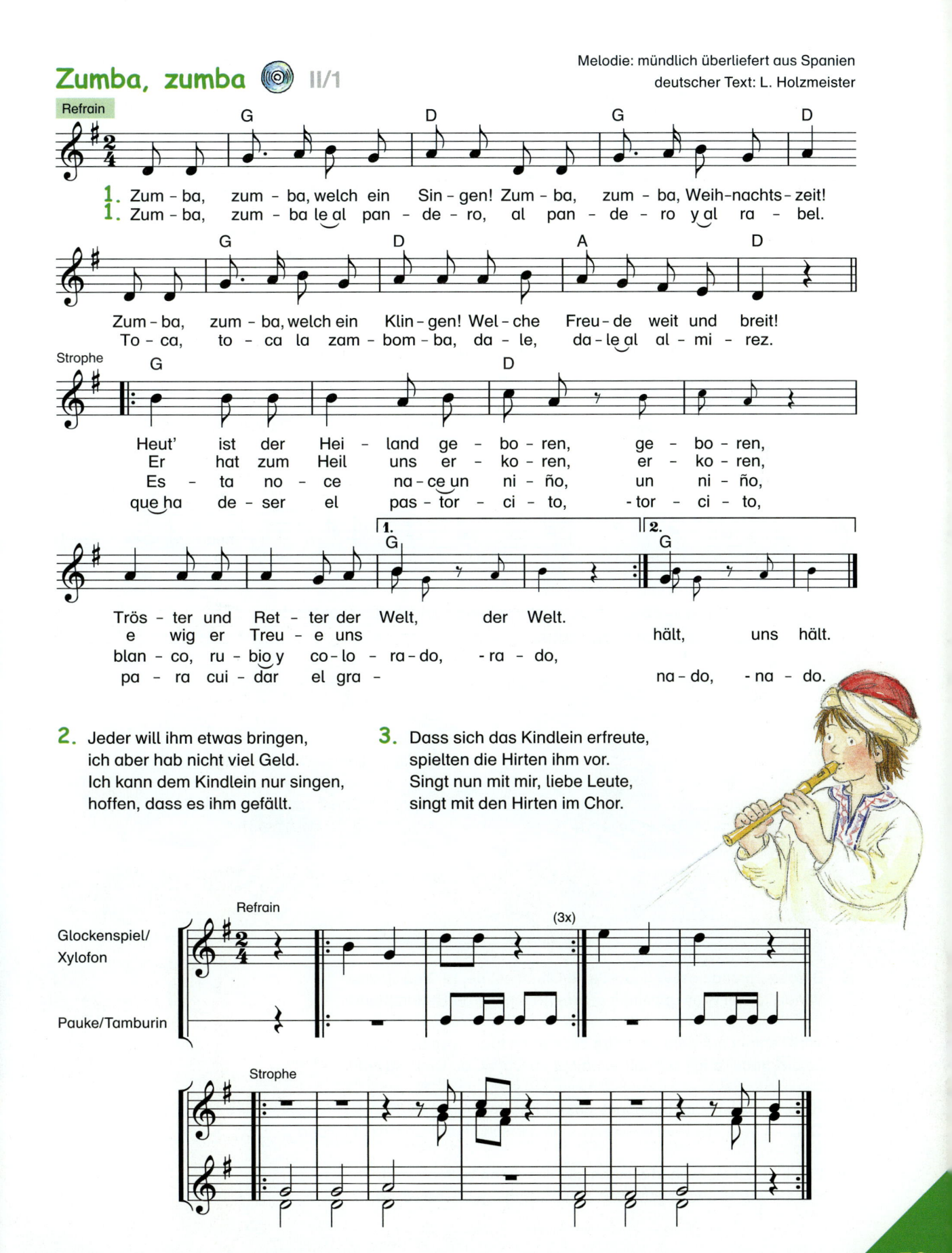

Melodie: mündlich überliefert aus Spanien
deutscher Text: L. Holzmeister

Refrain

1. Zum-ba, zum-ba, welch ein Sin-gen! Zum-ba, zum-ba, Weih-nachts-zeit!
1. Zum-ba, zum-ba le al pan-de-ro, al pan-de-ro y al ra-bel.

Zum-ba, zum-ba, welch ein Klin-gen! Wel-che Freu-de weit und breit!
To-ca, to-ca la zam-bom-ba, da-le, da-le al al-mi-rez.

Strophe

Heut' ist der Hei-land ge-bo-ren, ge-bo-ren,
Er hat zum Heil uns er-ko-ren, er-ko-ren,
Es-ta no-ce na-ce un ni-ño, un ni-ño,
que ha de ser el pas-tor-ci-to, -tor-ci-to,

1. Trös-ter und Ret-ter der Welt, der Welt.
e-wig er Treu-e uns hält, uns hält.
blan-co, ru-bio y co-lo-ra-do, -ra-do,
pa-ra cui-dar el gra- **2.** na-do, -na-do.

2. Jeder will ihm etwas bringen,
ich aber hab nicht viel Geld.
Ich kann dem Kindlein nur singen,
hoffen, dass es ihm gefällt.

3. Dass sich das Kindlein erfreute,
spielten die Hirten ihm vor.
Singt nun mit mir, liebe Leute,
singt mit den Hirten im Chor.

Glockenspiel/Xylofon
Pauke/Tamburin

Les anges dans nos campagnes – Engel haben Himmelslieder 🔘 II/2

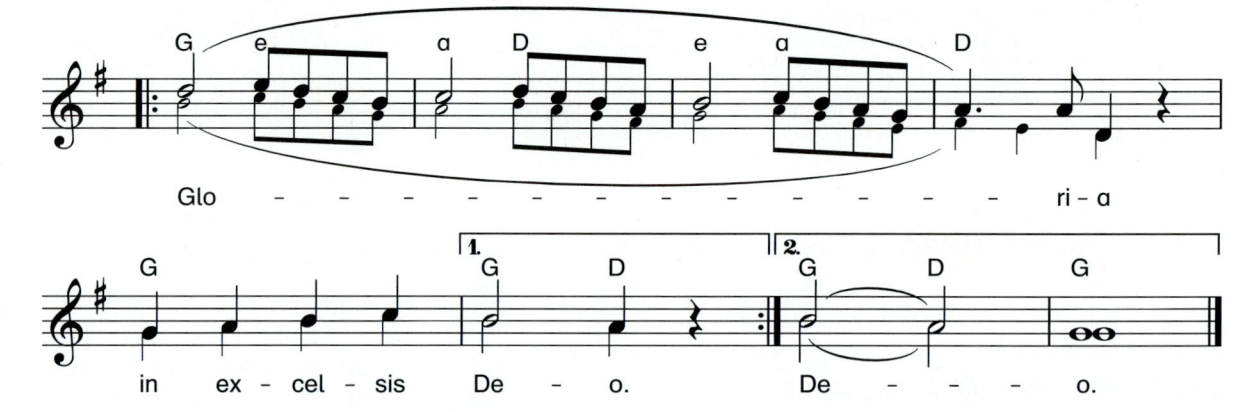

Melodie und französischer Text: aus Frankreich
Satz: K. Suttner
deutscher Text: L. Holzmeister

1. Les an-ges dans nos cam-pa-gnes ont en ton-né l'hym-ne des cieux,
   et l'e-cho de nos mon-ta-gnes re-dit ce chant mé-lo-di-eux:

1. En-gel ha-ben Him-mels-lie-der auf den Fel-dern an-ge-stimmt.
   E-cho hallt vom Ber-ge wi-der, dass es je-des Ohr ver-nimmt:

Glo — — — — — — — — — ri-a
in ex-cel-sis De-o. De-o.

›Gloria in excelsis Deo‹ ist lateinisch und heißt übersetzt:
Ehre sei Gott in der Höhe.

2. Bergers, grande est la nouvelle, le Christ est né, le Dieu Saveur!
   Venez, le ciel vous appelle a rendre hommage au Rédempteur!

3. Vers l'enfant qui vient de naître accourons tous avec bonheur!
   Le ciel nous l'a fait connaître: amour au Christ, au Dieu Saveur!

2. Hirten, was ist euch begegnet, dass ihr so voll Jubel seid?
   Gott hat heut' die Welt gesegnet, Christ erschien der Erdenzeit. Gloria …

3. Er gibt allen Menschen Frieden, die des guten Willens sind.
   Freude wurde uns beschieden durch ein neugebor'nes Kind …

I hear them – Ich hör' sie II/3–4

Melodie und Text: mündlich überliefert
deutscher Text: H. Lemmermann

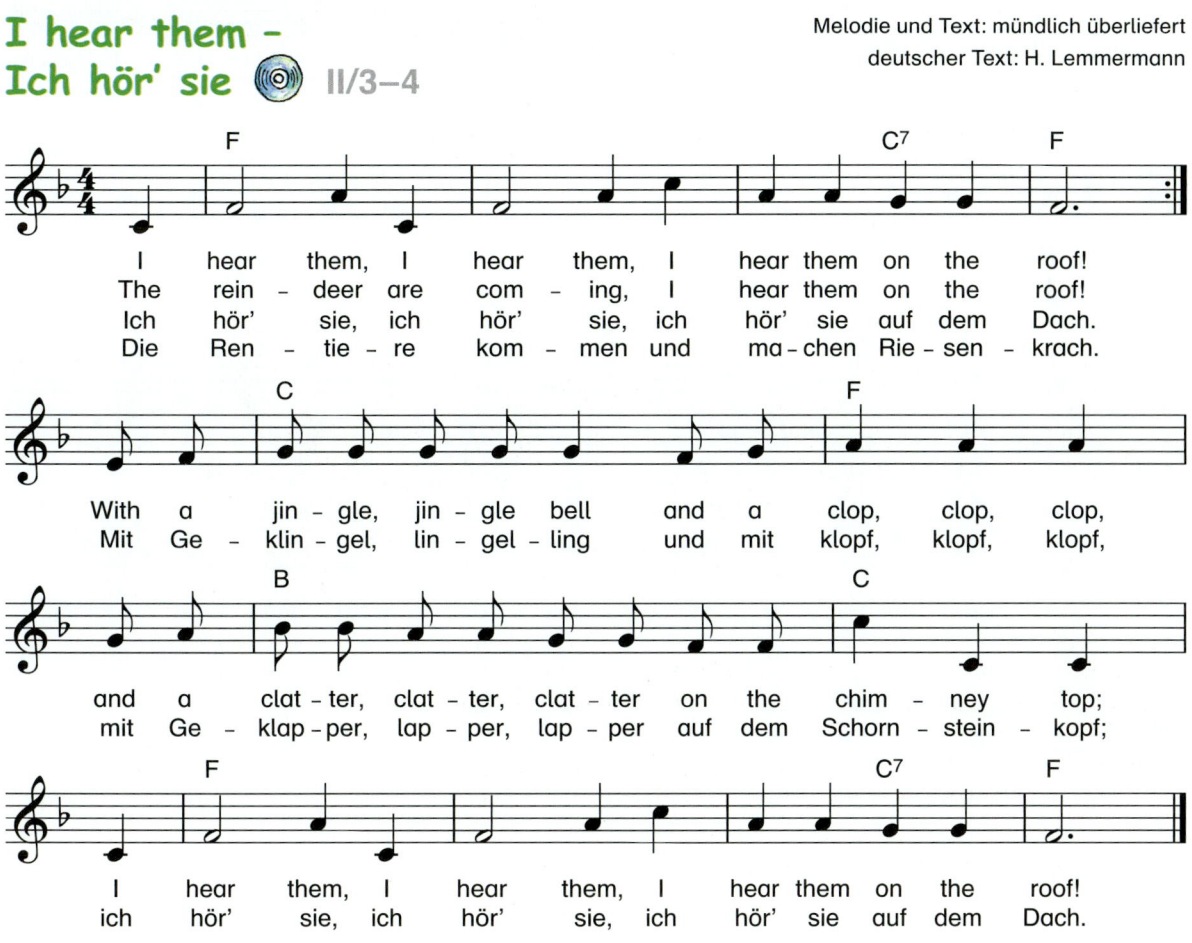

I hear them, I hear them, I hear them on the roof!
The rein-deer are com-ing, I hear them on the roof!
Ich hör' sie, ich hör' sie, ich hör' sie auf dem Dach.
Die Ren-tie-re kom-men und ma-chen Rie-sen-krach.

With a jin-gle, jin-gle bell and a clop, clop, clop,
Mit Ge-klin-gel, lin-gel-ling und mit klopf, klopf, klopf,

and a clat-ter, clat-ter, clat-ter on the chim-ney top;
mit Ge-klap-per, lap-per, lap-per auf dem Schorn-stein-kopf;

I hear them, I hear them, I hear them on the roof!
ich hör' sie, ich hör' sie, ich hör' sie auf dem Dach.

Sucht euch für das Geklingel, das Klopfen und das Geklapper jeweils passende Rhythmusinstrumente und begleitet das Lied an den entsprechenden Stellen.

Von Kindern und anderen Leuten

Hurra, hurra, der Pumuckl ist da!   II/5

Melodie und Text: J. Horn,
H. Carpendale, U. König, F. Muschler

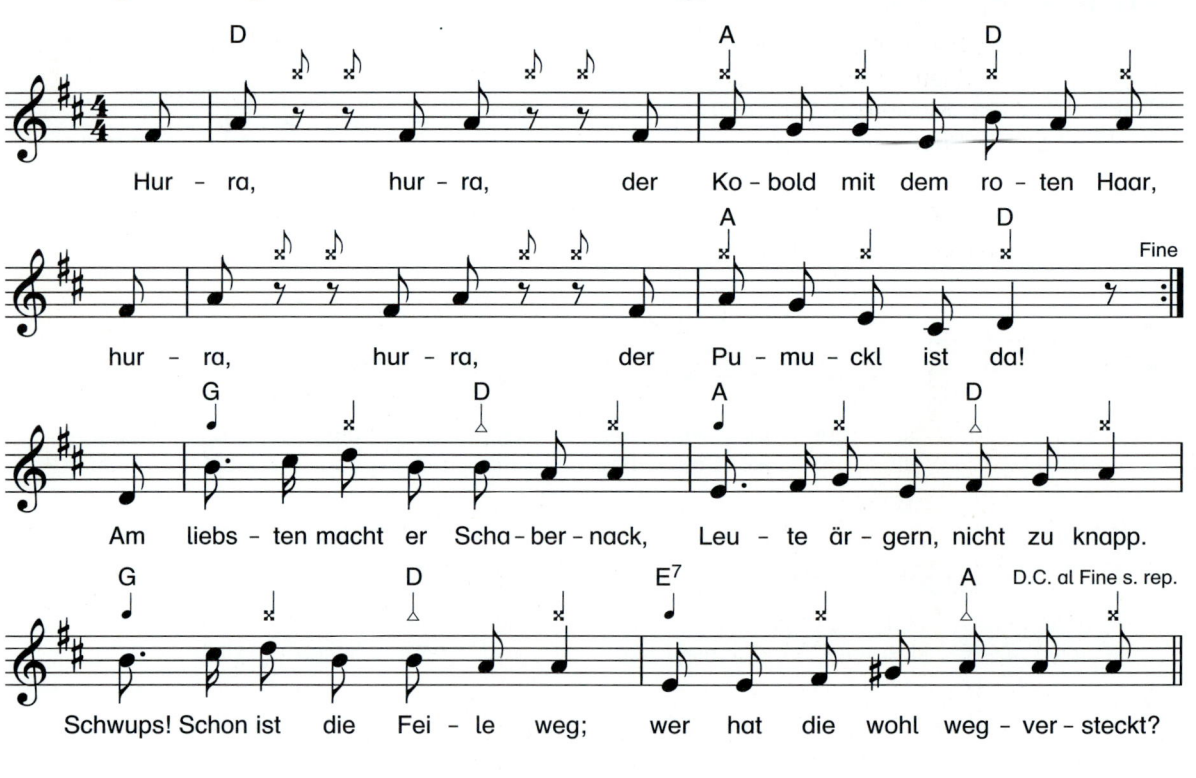

Hur - ra, hur - ra, der Ko - bold mit dem ro - ten Haar,
hur - ra, hur - ra, der Pu - mu - ckl ist da!
Am liebs - ten macht er Scha - ber - nack, Leu - te är - gern, nicht zu knapp.
Schwups! Schon ist die Fei - le weg; wer hat die wohl weg - ver - steckt?

D.C. al Fine s. rep.

♩ = Klatschen   ♩ = Schnipsen   △ = Kniepatschen

Begleitet das Lied mit Klatschen, Schnipsen und Kniepatschen.

Ich bin ein Musikante

Melodie und Text: mündlich überliefert

"bing bing bingeling"

1. Ich bin ein Musikante und komm aus Schwabenland.
Wir sind ja Musikanten und komm'n aus Schwabenland.
Ich kann spielen. Wir können spielen. Die Trompete, die Trompete.
Tä - tä - te - rä, tä - tä - te - rä, tä - tä - te - rä, tä tä. Tä - tä.

2. … die Violine: fidel dei dei dei …
3. … die Klarinette: dü düdel dü …
4. … auf dem Klaviere: greif da mal hin, greif dort mal hin …
5. … auf der Pauke: bum bum burum …

Spielt beim Singen auf unsichtbaren Instrumenten mit. Erfindet weitere Strophen.

"terem tem tem"

"Posaune hin, Posaune her"

"dü düdel dü"

"zim zim zerim"

"Den Bogen hin, den Bogen her"

Une marguerite – Eine Margerite

Melodie und Text: H. Dès
deutscher Text: BK

II/6

Kanon

1. Je t'ap‑por‑te, ma‑man, c'est la sur‑pri‑se
   une pe‑tite fleurs des champs que j'ai pro‑mi‑se
1. Ma‑ma, für dich al‑lein Ich hab' ver‑spro‑chen
   soll die‑se Blu‑me sein. dich zu ü‑ber‑ra‑schen.

3. Une mar‑gue‑ri‑te
   tou‑te pe‑ti‑te
   Ei‑ne Mar‑ge‑ri‑te
   pflückt' ich auf der Wie‑se.

Da Capo

F (Schluss)

je t'ap‑por‑te, ma‑man, une pe‑tite fleur des champs.
Ma‑ma, für dich al‑lein soll die‑se Blu‑me sein.

2. Je t'apporte, maman,
   une petite fleur des champs.
   Ce n'est pas une rose,
   ce n'est pas grand' chose:
   Une marguerite toute petite.

2. Mama, für dich allein
   soll diese Blume sein.
   Ist keine Rose,
   ist gar nichts Großes:
   Eine Margerite
   pflückt' ich auf der Wiese.

Zur Begleitung:

Glockenspiel/Blockflöte

Xylofon

Metallofon

Bass

Schlusston

Ich schenk' dir einen Regenbogen

Melodie und Text: D. Kreusch-Jacob

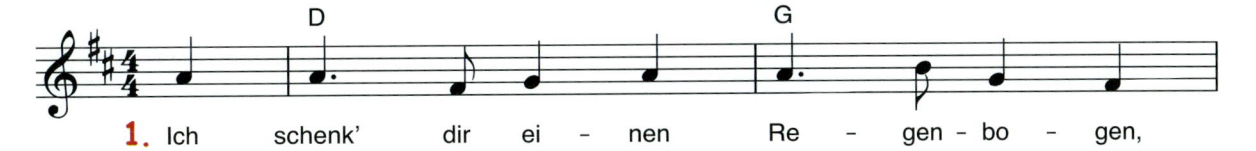

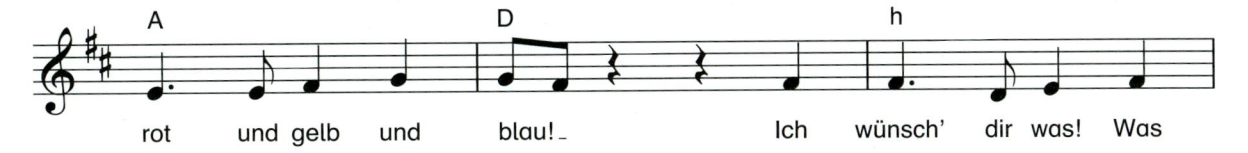

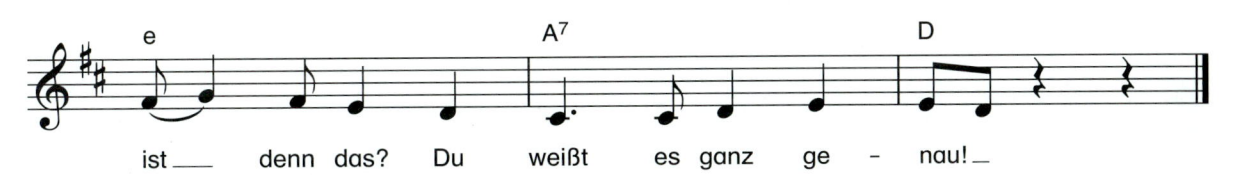

1. Ich schenk' dir ei – nen Re – gen – bo – gen,
rot und gelb und blau! Ich wünsch' dir was! Was
ist denn das? Du weißt es ganz ge – nau!

2. Ich schenk' dir hundert Seifenblasen,
   sie spiegeln mein Gesicht.
   Ich wünsch' dir was!
   Was ist denn das?
   Nein – ich verrat's dir nicht!

3. Ich schenk' dir eine weiße Wolke
   hoch am Himmel dort.
   Ich wünsch' dir was!
   Was ist denn das?
   Es ist ein Zauberwort.

4. Ich schenk' dir einen Kieselstein,
   den ich am Wege fand.
   Ich wünsch' dir was!
   Was ist denn das?
   Ich schreib's in deine Hand.

5. Ich schenk' dir einen Luftballon,
   er schwebt ganz leicht empor.
   Ich wünsch' dir was!
   Was ist denn das?
   Ich sag's dir leis ins Ohr!

6. Ich schenke dir ein Kuchenherz,
   drauf steht: »Ich mag dich so!«
   Ich wünsch' dir was!
   Was ist denn das?
   Jetzt weißt du's sowieso!

Alle Kinder lernen lesen

Melodie: mündlich überliefert aus England
deutscher Text: W. Topsch

1./3. Al - le Kin-der ler - nen le - sen, In - di - a - ner und Chi -
2./4. Al - le Kin-der ler - nen schrei - ben und die Wör - ter un - ter -

ne - sen. Selbst am Nord-pol le - sen al - le Es - ki - mos.
schei - den. Selbst am Nord-pol schrei-ben al - le Es - ki - mos.

Hal - lo Kin - der, jetzt geht's los.
Hal - lo Kin - der, jetzt geht's los.

»A«, sagt der Af - fe, wenn er in den Ap - fel beißt.
»O«, sagt am Os - ter - sonn - tag je - der Os - ter - has.
»Ei«, sagt der Eis - bär, der in ei - ner Höh - le haust.

»E«, sagt der E - le - fant, der Erd - beer - eis ver - speist.
»O«, sagt der Och - se, der die Os - ter - ei - er fraß.
»Au«, sagt das Au - to, wenn es um die E - cke braust.

»I«, sagt der I - gel, wenn er sich im Spie - gel sieht und wir
»U«, sagt der U - hu, wenn es dun - kel wird im Wald und wir
»Eu«, sagt die Eu - le. »Heu - te sind die Mäu - se scheu.« Und wir

sin - gen un - ser Lied.
sin - gen, dass es schallt.
sin - gen noch mal neu.

Welcher Buchstabe gehört zu welchem Bild?

Montag um acht

II/8

Melodie: mündlich überliefert aus Frankreich
deutscher Text: O. Pörsel
Bearbeitung der 6. Strophe: BK

1. Mon - tag um acht, um acht, da sind wir in der Schu - le. Dort rut - schen wir auf un - ser'm Wa - ckel - stuh - le, Rech - nen sol - len wir, acht und fünf und vier, auf ein ar - mes Krit - zel - krat - zel - heft - pa - pier.

1. Lun - di ma - tin, l'emp' - reur, sa femme et le p'tit prin - ce sont ve - nus chez moi pour me ser - rer la pin - ce. Comme j'é - tais par - ti, le petit prince a dit: »Puis - que c'est ain - si nous re - vien - drons mar - di.«

2. Dienstag um neun, um neun,
da sind wir in der Schule,
dort rutschen wir auf unser'm Wackelstuhle.
Schreiben wir Diktat,
weiß ich keinen Rat.
Ach, was wird das heute für ein Wortsalat!

3. Mittwoch um zehn …
Lesen wir zum Glück nicht dasselbe Stück
dreizehnmal von vorn nach hinten und zurück.

4. Donnerstag um elf …
Malen wir ein Bild, Straße, Haus und Schild,
und der Stift rast auf dem Blatt herum wie wild.

5. Freitag um zwölf …
Strengt sich jeder an, singt, so gut er kann,
weiß er doch: Das Wochenende fängt heut' an.

6. Samstag und Sonntag bleibe mir
die Schul' gestohlen!
Soll sie von mir aus gern der Kuckuck holen!
Ist die Plackerei endlich nun vorbei,
haben wir bis Montag dann zum Spielen frei.

Es folgen 2. »mardi« (Dienstag), 3. »mercredi« (Mittwoch), 4. »jeudi« (Donnerstag), 5. »vendredi« (Freitag), 6. »samedi« (Samstag) und 7. »dimanche« (Sonntag) und »reviendrons lundi« (wir kommen am Montag wieder).

Sinngemäße Übersetzung der ersten Strophe:
Am Montag sind der Kaiser, seine Frau und der kleine Prinz zu mir gekommen, um mir die Hand zu schütteln. Da ich nicht zu Hause war, hat der kleine Prinz gesagt: »Da es nun mal so ist, kommen wir am Dienstag wieder«.

Male ein Bild mit Straße, Haus und Schild.

Potifar mit dem Wuschelhaar

II/9–10

Melodie: D. Kreusch-Jacob
Text: N. Boge-Erli

1. Ein Junge namens Potifar, der hatte Wischel-wuschelhaar. Und jeder sagt: Wie ist der süß, vom Lockenkopf bis an die Füß'!

Refrain: Potifar, Potifar mit dem Wischel-, Waschel-, Wuschel-haar!

2. Doch kam die Mutter mit dem Schwamm,
mit Badebürste und dem Kamm,
da schrie der Potifar gleich laut:
»Lass meine Haare, lass die Haut!«

3. Und spielte Potifar am Strand,
dann rollte er sich gern im Sand.
In seine Haare streute er
den Sand, als ob das gar nichts wär'.

4. Der Wind trug Samen her und Staub,
im Herbst vom Baum fiel manches Laub.
Schon blüht ein Löwenzahn und bald
wuchs aus dem Wuschelhaar ein Wald.

5. Der Potifar, der merkt es nicht,
ihm hingen Wurzeln ins Gesicht.
Bald konnt er nicht mehr toben,
die Bäume schwankten oben.

6. O je! Er will ins Haus hinein.
Jedoch die Türe ist zu klein!
Was machst du nun, du Potifar
mit deinem Wald im Wuschelhaar?

7. Die Mutter holt den Wasserschlauch,
spritzt Bäume weg und Blumen auch.
Da lacht der kleine Potifar
und schüttelt wild sein Wuschelhaar.

8. Er ruft: Juhu, juhi, juhei!
Mein Wuschelhaar ist bäumefrei!
Umarmt die Mutter und zum Schluss
kriegt sie den Wischel-Wuschel-Kuss.

Der Cowboy Jim aus Texas

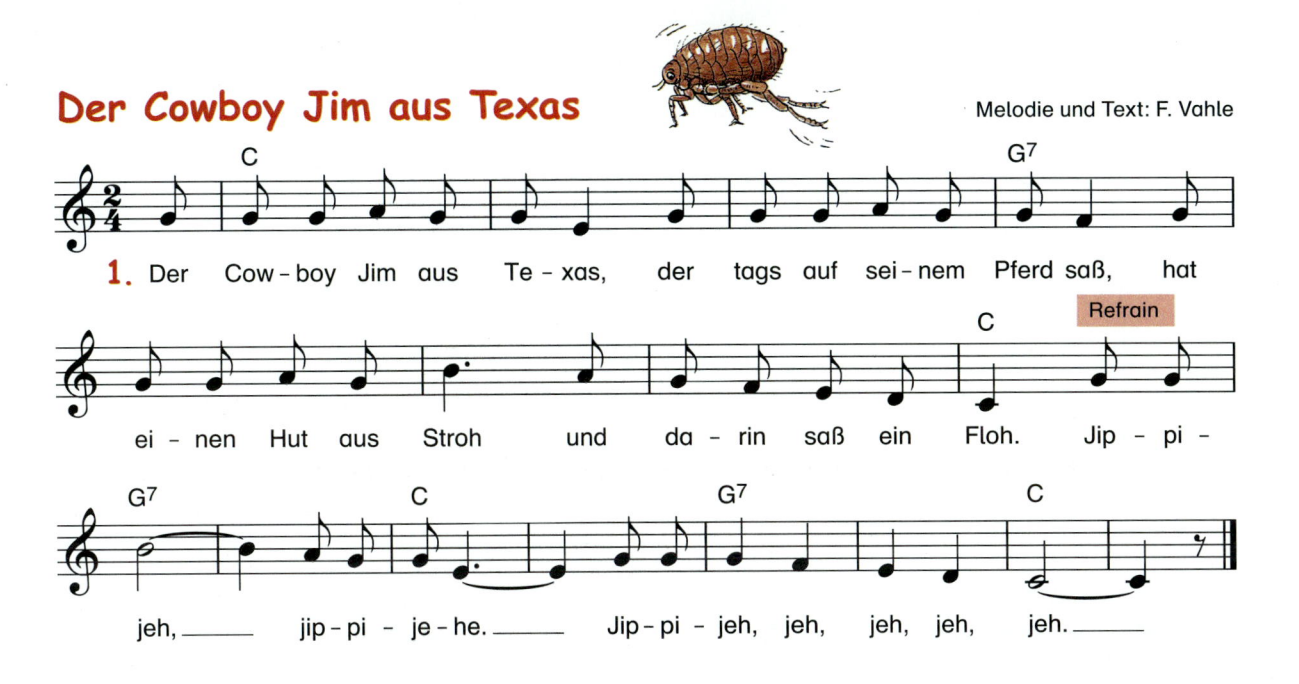

Melodie und Text: F. Vahle

1. Der Cowboy Jim aus Texas, der tags auf seinem Pferd saß, hat einen Hut aus Stroh und darin saß ein Floh. Jippi-jeh, jippi-je-he. Jippi-jeh, jeh, jeh, jeh, jeh.

2. Der Floh tat Jim begleiten.
   Er hatte Spaß am Reiten
   und ging der Jim aufs Klo,
   dann tat das auch sein Floh.

3. Oft macht das Reiten Mühe.
   Jim hütet hundert Kühe.
   Da kommt er oft in Schweiß
   und ruft: Ach, was'n Sch…

4. Am Tschikitschobasee
   ruft Jim sein Jippijeh.
   Doch einst am Lagerfeuer,
   da war's da nicht geheuer.

5. Im ersten Morgengrauen,
   da wollt' man Jim verhauen.
   Man schlich zu Jimmy fix,
   der schlief und merkte nix.

6. Der Floh, der hört' es trappeln,
   tat sich auch gleich berappeln
   und stach als echter Floh
   den Cowboy in den Po.

7. Der Jim sprang auf und fluchte,
   als er das Weite suchte.
   So war's nix mit Verhauen
   im ersten Morgengrauen.

8. Der Cowboy Jim aus Texas
   sitzt oft bei seiner Oma.
   Und beide schau'n sich dann
   im Fernseh'n Cowboyfilme an.

Willi, Willi II/11–12

Musik: M. Leemar, Peter Geierhaas
Text: M. Leemar

Teil A

Zauberkind

1. Wil - li, Wil - li, weißt du was? Wil - li, ich kann flie - gen.

Wil - li, Wil - li, glaubst du das? Ja, Wil - li, ich kann flie - gen! *(Schluss nach 4. Str.)*

Heu - te Nacht als al - les schlief, bin ich weg - ge - flo - gen

ü - ber Ber - ge, Wie - sen, Tä - ler. Ehr - lich, das ist nicht ge - lo - gen!

Teil B

Willi

Bit - te wie? Bit - te was? Flie - gen kann kein Mensch,

so 'n Quatsch. Du und flie - gen? So ein Quatsch!

* Die Stichnoten gelten nur für den Schluss

2. Willi, Willi, weißt du was? Ich kann Eier legen.
   Willi, Willi, glaubst du das? Ja, ich kann Eier legen.
   Gestern hab' ich es probiert, funktioniert ganz einfach.
   Doch wie's geht, verrat' ich nicht. Mach es mir doch erst mal nach.
   Bitte wie, bitte was, Eier legen – he, so'n Quatsch.
   Bitte wie, bitte was, du und Eier legen – so ein Quatsch.

3. Willi, Willi, weißt du was? Ich kann dich verzaubern.
   Willi, Willi, glaubst du das? Soll ich dich mal verzaubern?
   Hokuspokus Fidibus, dreimal schwarzer Kater.
   Du wirst jetzt 'n Gummibaum oder'n roter Omnibus. –
   Bitte wie, bitte was, ich 'n Gummibaum, so'n Quatsch.
   Bitte wie, bitte was, ich glaub' … eh, brrmm, brrmm-brrmm-brrmm.

4. (2x Takt 1–8)
   Willi, Willi, glaubst du's nun? Ich hab' dich verzaubert.
   Willi, Willi, glaubst du's nun? Ich hab' dich verzaubert.
   Willi, Willi, glaubst du's nun? La, la, la, la, la, la, la.
   La, la, la, la, la, la, la – ja, ich hab' dich verzaubert.

Verändert den Text der zweiten Strophe
und singt sie mit euren eigenen Ideen.
Zum Beispiel:
Willi, Willi, weißt du was, Willi, ich kann tauchen …

Die alte Moorhexe

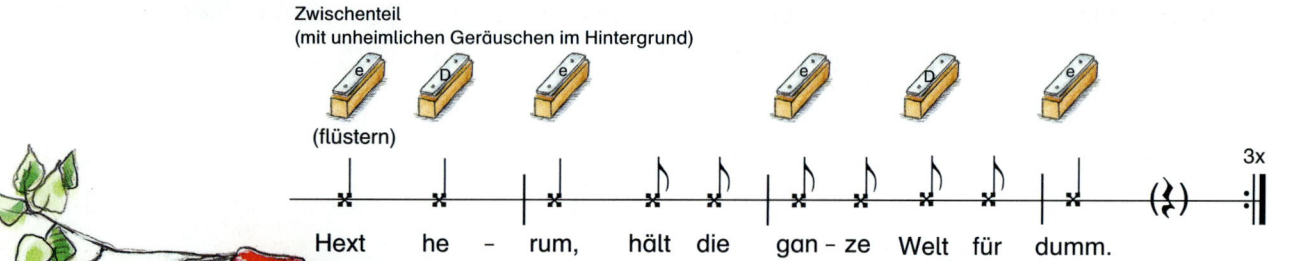

II/13

Melodie und Arrangement: W. Jehn
Text: M. Jehn

1. Die alte Moorhexe hext im Teufelsmoor herum, dreht sich wild im Tanze um, lacht sich schief und lacht sich krumm, wenn die Tiere ängstlich wittern und die Kinder alle zittern; hält die ganze Welt für dumm, hext herum, hext herum.
Hu hu hu hu, hu hu hu hu.

Zwischenteil (mit unheimlichen Geräuschen im Hintergrund)

(flüstern)
Hext herum, hält die ganze Welt für dumm. (3x)

2. Gegen Mitternacht jedoch
fährt sie in ihr Hexenloch,
füttert ihre sieben Schlangen,
bringt den schnellen, starken, langen
Hexenbesen in den Stall,
scharrt und raschelt überall;
hält die ganze Welt für dumm,
hext herum, hext herum.

3. Bei dem Spuk in Moor und Sumpf
ging verlor'n ihr Ringelstrumpf;
jener rote linksgestrickte
Strumpf, den ihre Schwester schickte,
hängt in einer Birke drin,
flattert einsam vor sich hin;
hält die ganze Welt für dumm,
hext herum, hext herum.

Begleitet den geflüsterten Spruch im Zwischenteil mit Instrumenten. Flüstert diesen Spruch auch zu den Strophen.

Dracula-Rock II/14

Musik und Text: F. Vahle

Wer hat Angst vor Dra-cu-la? Wer hat Angst vor Dra-cu-la, wenn er er-wacht um Mit-ter-nacht? 1. Die Uhr schlägt zwölf. Was ist denn das? Ver-flixt noch mal, da rührt sich was. Da klap-pert ein Ge-biss wie toll! Herr Dra-cu-la tanzt Rock 'n' Roll. Bei Nacht, bei Nacht, bei Nacht, bei Nacht, im Schi-Scha-Schu-bi-dupp Mon-den-schein.

♩ = verschiedene Rhythmusinstrumente   × = Kniepatschen   • = klatschen

Spielt die Begleitung auf Rhythmus- und Körperinstrumenten.

2. Er hat die Ringelsocken an
und tanzt so schaurig schön, der Mann.
Die Fledermäuse wundern sich.
So kennen sie ihr Herrchen nicht.
Bei Nacht, …

3. Nur einmal ist er so geschafft.
Er trinkt statt Blut nur Traubensaft.
Dann springt er wieder auf wie toll.
Wer ist der King beim Rock 'n' Roll?
Herr Dracula, Herr Dracula,
im Schi-Scha-Schubidupp
Mondenschein.

4. Und vor dem ersten Morgenrot
isst Dracula sein Blutwurstbrot.
Da staunt der Friedhofswärter sehr.
Wo kommt denn nur das Schmatzen her?
Bei Nacht, …

5. Doch da bricht schon der Morgen an,
was Dracula nicht leiden kann.
Er macht den letzten Überschlag
in seinen alten Eichensarg.
Bei Nacht, …

Das Räuberkind

II/15

Melodie und Text: V. Rosin

1. Ein klitzekleines Räuberkind, das wusst' nicht, wie die Räuber sind. Es fragte seinen Vater, der machte gleich Theater. »Du weißt nicht, wie die Räuber sind? Hör zu, mein Räuberkind:

Räuber sind gefährlich, das sage ich dir ehrlich. Räuber mit Pistolen, die wollen sich was holen. Räuber machen böse Sachen, die den andern Schaden machen. Mein liebes kleines Räuberkind, jetzt weißt du, wie die Räuber sind.«

Räuber müssen rauben, das kannst du mir wohl glauben. Räuber sind gemein und frech und nehmen fremde Sachen weg.

2. Das klitzekleine Räuberkind,
das wusst' jetzt, wie die Räuber sind.
Es sagte seinem Vater:
»Mach bitte kein Theater.
Ich weiß zwar, wie die Räuber sind,
ich kleines Räuberkind. (Aber:)
Ich will nicht gefährlich sein,
ich will lieber ehrlich sein.
Ich will auch nicht rauben,
das kannst du mir
wohl glauben.
Ich will mit Pistolen
mir auch gar nichts holen.
Ich bin nicht gemein und frech
und nehme fremde Sachen weg.
Ich mach' keine bösen Sachen,
die den andern Schaden machen.
Ich bin zwar auch ein Räuberkind
und doch nicht so, wie Räuber sind.
(Wiederholung der letzten vier Takte)
Ich bin zwar noch ganz klitzeklein,
doch will ich nie ein Räuber sein.«

Im Walde von Toulouse

Melodie und Text: mündlich überliefert aus Frankreich
deutscher Text: U. Kabitz

1. Im Walde von Toulouse, da haust ein Räuberpack, da haust ein Räuberpack, schned-de-reng peng, peng, schned-de-reng per-li-ne, peng, peng!

2. Es waren ihrer fünfzig, verborgen im Gebüsch.
3. Sie sprachen zueinander: »Schau nach, ob einer kommt!«
4. »Ich sehe einen kommen, der sitzt auf hohem Pferd!«
5. »Mein Herr, bleibt bitte stehen! Wo habt ihr euer Geld?«
6. »Ich hab's in meiner Börse, ich hab's in meinem Rock!«
7. »So gebt denn eure Börse, sonst legen wir euch um!«
8. Im gleichen Augenblicke, da kam die Polizei.
9. Da hoben alle Räuber ganz schnell die Hände hoch.
10. Im Walde von Toulouse gibt's keine Räuber mehr.

Spielt das Lied nach und verkleidet euch dazu.

Schickt mich die Mutter

Melodie: mündlich überliefert aus Norwegen
deutscher Text: B. Heuschober

1. Schickt mich die Mutter, die Hühner zu weiden, nehm' ich die Rute und treib sie hinaus. Doch, o weh, nun sind's nur noch sieben! Wo ist denn das achte geblieben? Nun darf ich nimmer nach Hause mich wagen, nun darf ich nimmer nach Hause zurück.

Dort, wo das Gras steht auf sonniger Heiden, scharren die Hühner und ich ruh' mich aus.

2. Über den Graben, da ist es entwichen,
läuft durch die Wiese und läuft bis zum Teich;
da kommt der Fuchs aus dem Walde geschlichen,
schnappt sich das Huhn und verschluckt es sogleich.
Pack der Teufel dich am Kragen,
oh, was werd' ich der Mutter nur sagen?
Nun darf ich nimmer…

3. Jetzt werd' ich Körner zur Mühle hintragen,
bring' einen Sack voller Mehl dann nach Haus
und zu der Mutter, da werde ich sagen:
»Koch eine süße Suppe daraus!«
Sind wir beide dann satt gegessen,
hat auch die Mutter das Hühnchen vergessen:
dann darf ich wieder nach Hause mich wagen,
dann darf ich wieder nach Hause zurück.

Erzählt die Geschichte so, wie sie heute stattfinden könnte.

In Mutters Stübele

Melodie und Text: mündlich überliefert aus dem Breisgau

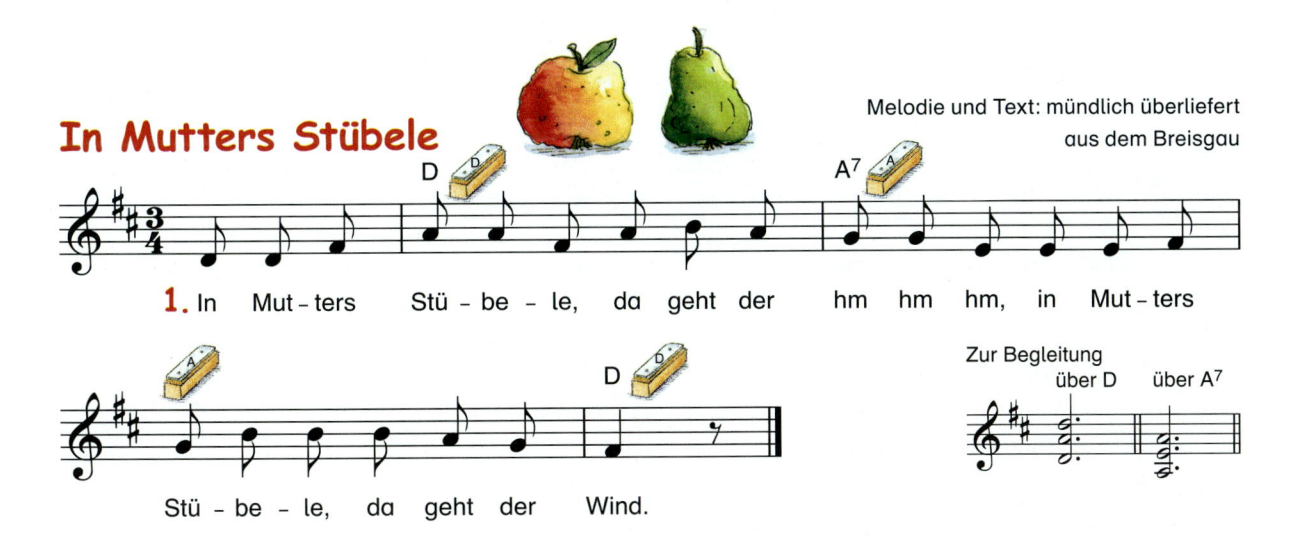

1. In Mut-ters Stü-be-le, da geht der hm hm hm, in Mut-ters Stü-be-le, da geht der Wind.

Zur Begleitung
über D   über A⁷

2. Musst fast erfrieren drin vor lauter hm, hm, hm, musst fast erfrieren drin vor lauter Wind.

3. Du nimmst den Bettelsack und ich den hm, hm, hm, du nimmst den Bettelsack und ich den Korb.

4. Du kriegst ein Äpfele und ich ein hm, hm, hm, du kriegst ein Äpfele und ich ein Birn'.

5. Du sagst „Vergelt es Gott" und ich sag »Hm, hm, hm«, du sagst »Vergelt es Gott« und ich sag »Dank!«

Dieses Lied schildert die bittere Armut einer Familie aus vergangener Zeit. Auch heute noch gibt es Menschen, die so arm sind, dass sie hungern und frieren müssen. Sprecht darüber, wie so etwas entstehen kann.

Ekmek buldum – Ich hab' Brot   II/16

Melodie und Text: mündlich überliefert aus der Türkei
deutscher Text: S. Durukan

1. Ek-mek bul-dum, ka-tık yok, ka-tık bul-dum, ek-mek yok.
1. Ich hab' Brot und kei-nen Kä-se, Kä-se hab' ich, nun kein Brot.

2. Odun buldum, kibrit yok, kibrit buldum, odun yok.

3. Para buldum, cüzdan yok, cüzdan buldum, para yok.

4. Bir at buldum, meydan yok, meydan buldum, bir at yok.

2. Ich hab' Holz und doch kein Feuer, Feuer hab' ich, nun kein Holz.

3. Ich hab' Geld und keine Börse, ich hab' die Börse, nun kein Geld.

4. Ich hab' ein Pferd und keinen Stall, ich hab' den Stall und nun kein Pferd.

Sprecht über die Dinge, die in dem Lied genannt werden.
Fragt Kinder aus verschiedenen Ländern: Was esst ihr an Feiertagen?
Wie heizt ihr eure Häuser?
Wie heißt euer Geld?
Welche Haustiere habt ihr?

Zur Begleitung

Hey, Pippi Langstrumpf

II/17–18

Melodie und Text:
K. Elfers/J. Johansson/W. Franke

Zwei mal drei macht vier, wi-de, wi-de witt, und drei macht neu-ne. Ich mach' mir die Welt, wi-de, wi-de, wie sie mir ge-fällt. Hey, Pip-pi Lang-strumpf, tra-le-ri, tra-le-ri, tra-ler hop-sa-sa. Hey, Pip-pi Lang-strumpf, die macht, was ihr ge-fällt. Drei mal drei macht sechs, wi-de, wi-de, wer will's von mir ler-nen? Al-le, Groß und Klein, tra-la-la-la, lad' ich zu mir ein. Ich hab' ein Haus, ein kun-ter-bun-tes Haus, ein Äff-chen und ein Pferd, die schau-en da zum Fens-ter raus. Ich hab' ein Haus, ein Äff-chen und ein

Pferd und jeder, der uns mag, kriegt unser Einmaleins gelehrt. Zwei mal drei macht vier, wi-de, wi-de, witt, und drei macht neune. Wir machen uns die Welt, wi-de, wi-de, wie sie uns gefällt. Drei mal drei macht sechs, wi-de, wi-de, wer will's von uns lernen? Alle, Groß und Klein, tra-la-la-la lad' ich zu uns ein.

Seeräuber Opa Fabian II/19

Melodie: G. Riedel
deutscher Text: H. Harun

1. See - räu - ber O - pa Fa - bi - an trieb so man - chen Scha - ber - nack,
2. See - räu - ber O - pa Fa - bi - an war be - kannt auf der gan - zen Welt.

kreuz und quer auf dem O - ze - an, teu - er hat - te lit - tan - jak.
Er raub - te Gold von je - dem Kahn, teu - er hat - te lit - tan - delt.

Nur nach der 2. Strophe

Al - ter Käp' - ten Fa - bi - an, Pip - pi bleibt dir im - mer treu.

Jetzt lass die Klei - ne auch mal ran, Käp' - ten a - hoi, a - hoi!

3. Seeräuber Opa Fabian
kotzt bei jedem Sturm ins Meer.
Mehr als einer essen kann,
teuer hatte littander.

4. Seeräuber Opa Fabian
Pippi ist genau wie du,
steuert Taka-Tuka an,
teuer hatte littandu.

5. Seeräuber Opa Fabian
Pippi holt den Papa raus.
Keiner kann, was Pippi kann,
teuer hatte littadaus.

Das Lied vom »Seeräuber Opa Fabian« singt Pippi Langstrumpf des Nachts auf stürmischer See, während sie ein großes Piratenschiff steuert. Dabei benutzt sie am Ende jeder Strophe einen Unsinnsreim.

Bastelt euch Rhythmusinstrumente und spielt zu den Strophen.

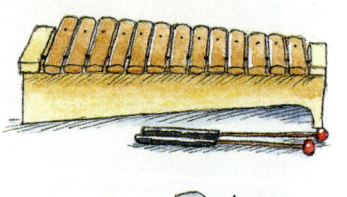

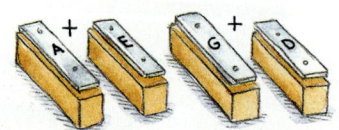

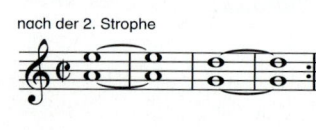

1.–5. Strophe
über C   über F   über G

nach der 2. Strophe

What shall we do with the drunken sailor – Ho, unser Maat II/20

mündlich überliefert
deutscher Text: K. Seidelmann

1. What shall we do with the drunk-en sai-lor. What shall we do with the drunk-en sai-lor. What shall we do with the drunk-en sai-lor ear-ly in the morn-ing. Hoo-ray and up she ris-es, hoo-ray and up she ris-es. Hoo-ray and up she ris-es ear-ly in the morn-ing.

1. Ho, un-ser Maat, der hat schief ge-la-den. Ho, un-ser Maat, der hat schief ge-la-den. Ho, un-ser Maat, der hat schief ge-la-den mor-gens in der Frü-he. Hoi-o, a-hoi, wir se-geln, hoi-o, a-hoi, wir se-geln, hoi-o, a-hoi, wir se-geln mor-gens in der Frü-he.

2. Take him and shake him and try to awake him …
3. Give him a dose of salt and water …
4. Pull out the plug and wet him all over …

2. Was bringt ihn wieder auf die Beine …
3. Gebt ihm einen Eimer kaltes Wasser …
4. Klatsch! Dieser Guss macht ihn wieder munter …

Zur Begleitung:

d = D + A   C = C + G

Strophe: in ♩ zusammen anschlagen,
Refrain: in ♫♫ im Wechsel anschlagen

Wachsen und gedeihen

Wir werden immer größer

Melodie: B. Heymann
Text: V. Ludwig

1. Wir werden immer größer, jeden Tag ein Stück.
   Wir werden immer größer, das ist ein Glück.
   Große bleiben gleich groß oder schrumpeln ein:
   Wir werden immer größer – ganz von allelein!

2. Wir werden immer größer,
   das merkt jedes Schaf.
   Wir werden immer größer –
   sogar im Schlaf.
   Ganz egal, ob's regnet,
   donnert oder schneit:
   Wir werden immer größer
   und auch gescheit.

Lasst einen Klang
wachsen und »schrumpeln«,
indem ihr die Tonhöhe verändert.

Teile A, A', A'' in Vierteln: G A H C D E Fis G
Teil B – Fine: G Fis E D C H A G
D.C. al Fine

Savez-vous planter les choux – Sagt, wie pflanzt man denn den Kohl

Melodie und Text: mündlich überliefert aus Frankreich
deutscher Text: BK

II/21

Vorspiel — Glockenspiel / Blockflöte

1. Sa-vez-vous plan-ter les choux? A la mo-de, à la mo-de.
1. Sagt, wie planzt man denn den Kohl? Für ge-wöhn-lich, für ge-wöhn-lich.

Sa-vez-vous plan-ter les choux? A la mo-de de chez nous.
Sagt, wie pflanzt man denn den Kohl? Ja, wie macht man das denn wohl?

2. On les plante avec la main …
3. On les plante avec le pied …
4. On les plante avec le coude …
5. On les plante avec le genou …
6. On les plante avec le nez …

2. Man benutzt dazu die Hand, für gewöhnlich, für gewöhnlich.
   Man benutzt dazu die Hand, ja, so macht man das galant.
3. Man benutzt dazu den Fuß, weil man das so machen muss.
4. Man benutzt dazu den Ellenbogen, ja, so wird der Kohl gezogen.
5. Man benutzt dazu das Knie, ja, das glaubt ihr uns wohl nie.
6. Man benutzt dazu die Nase, so als wäre man ein Hase.

Zur Begleitung der Strophe

Rotkohl
Wirsing
Weißkohl
Blumenkohl
Rosenkohl

Ev'rything grows – Alles gedeiht und wächst

Melodie: Raffi
Text: Raffi/D. Pike
deutscher Text: F. Firla/BK

II/22–23

Refrain

Ev'-ry-thing grows and grows, ba-bies do, a-ni-mals too. Ev'-ry-thing grows. Ev'-ry-thing grows and grows. Sis-ters do, broth-ers too. Ev'-ry-thing grows.
Al-les ge-deiht und wächst, so wie wir, Pflan-ze und Tier, al-le Welt wächst. Al-les ge-deiht und wächst. Schwes-ter-lein, Brü-der-lein, al-le Welt wächst.

1. A blade of grass, fin-gers and toes, hair on my head, a red, red rose. Ev'-ry-thing grows, an-y-one knows. That's how it goes. Yes, ev'-ry-thing
1. Ein grü-ner Halm, Fin-ger und Zeh, ein Haar auf dem Kopf, die Rose im See, al-le Welt wächst; und je-der sieht, wie es ge-schieht. Ja, al-les ge-

84

2. Food on the farm, fish in the sea, birds in the air, leaves on the tree. Ev'rything grows, anyone knows, that's how it goes. Yes, ev'rything that's how it goes under the rain. Ev'rything grows, anyone knows, that's how it goes. Yes, ev'rything Mamas do and papas too. Ev'rything grows.

2. Gemüse auf dem Land, Fische im Meer, Vögel im Baum, Blätter gar sehr, alle Welt wächst. Und jeder sieht, wie es geschieht. Ja, alles gebei Regenguss, bei Sonnenschein, alle Welt wächst. Und jeder sieht, wie es geschieht. Ja, alles ge‑ Auch Mama und der Papa, alle Welt wächst.

3. That's how it goes under the sun,
3. Es wächst tagaus, es wächst tagein

Ward ein Blümchen mir geschenket

Musik und Text:
A. H. Hoffmann von Fallersleben
Bearbeitung: N. Kerner/J. Dehmel

II/24–25

1. Ward ein Blümchen mir geschenket,
   hab's gepflanzt und hab's getränket.
   Vögel kommt und gebet Acht!
   Gelt, ich hab es Recht gemacht.

2. Sonne, lass mein Blümchen sprießen,
   Wolke, komm es zu begießen!
   Richt empor dein Angesicht,
   liebes Blümchen, fürcht' dich nicht.

3. Sonne ließ mein Blümchen sprießen,
   Wolke kam es zu begießen.
   Jedes hat sich brav bemüht
   und mein liebes Blümchen blüht.

Singt die zweite Stimme. Ihr könnt sie auch auf einem Glockenspiel oder der Blockflöte spielen. Als Basstöne könnt ihr die Buchstaben spielen, die als Akkordsymbole über den Noten stehen.

Come si pianta la bella polenta II/26

Melodie und Text: mündlich überliefert aus Italien

Co - me si pian - ta la bel - la po - len - ta? La bel - la po - len - ta si pian - ta co - si, si pian - ta co - si, pian - ta la bel - la po - len - ta co - si.

Bewegungen:

1. pianta (pflanzt) = am Boden wühlen
2. cresce (wächst) = empor »wachsen«
3. fiore (blüht) = einen Kreis (Blüte) in die Luft malen
4. taglia (schneidet) = mit der Handkante energische Schläge schräg abwärts machen
5. mola (mahlt) = Handflächen in Gegenrichtung aneinander reiben
6. cuoce (kocht) = »im Topf rühren«
7. mangia (isst) = Essbewegung ausführen
8. gusta (schmeckt) = den Bauch reiben

* Wiederholt nach jeder Strophe die Tätigkeit der vorherigen:
2. Str.: … si pianta cosi, si cresce cosi …
3. Str.: … si pianta cosi, si cresce cosi, si fiore cosi …

Das schmeckt!

The Muffin Man II/27

Melodie und Text: mündlich überliefert aus England

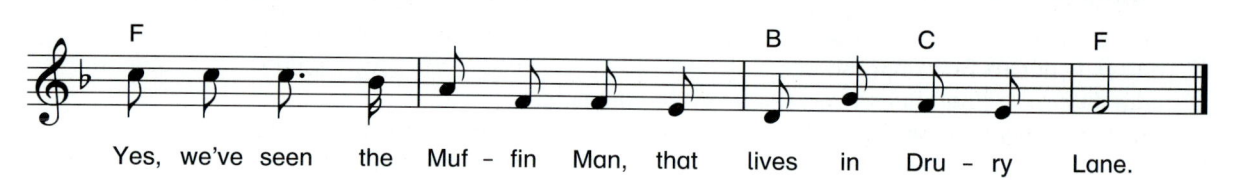

(Die 1. Gruppe singt)

Have you seen the Muf-fin Man, the Muf-fin Man, the Muf-fin Man?

Have you seen the Muf-fin Man, that lives in Dru-ry Lane?

(Die 2. Gruppe singt)

Yes, we've seen the Muf-fin Man, the Muf-fin Man, the Muf-fin Man.

Yes, we've seen the Muf-fin Man, that lives in Dru-ry Lane.

»Drury Lane« ist der Name einer Straße.

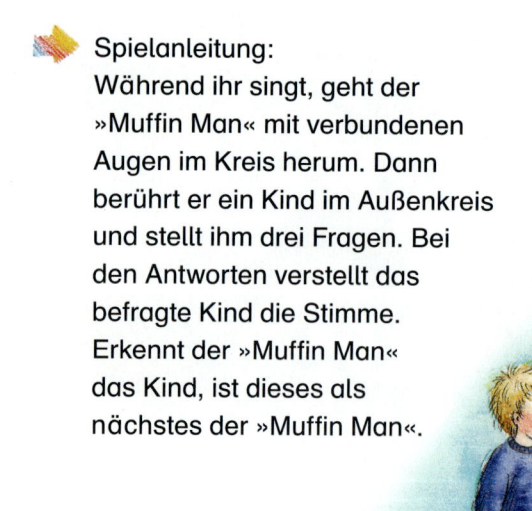

Spielanleitung:
Während ihr singt, geht der »Muffin Man« mit verbundenen Augen im Kreis herum. Dann berührt er ein Kind im Außenkreis und stellt ihm drei Fragen. Bei den Antworten verstellt das befragte Kind die Stimme. Erkennt der »Muffin Man« das Kind, ist dieses als nächstes der »Muffin Man«.

Alouette lädt zum großen Feste

II/28–29

Melodie und Text: mündlich überliefert aus Kanada
deutscher Text: J.-P. Müller

Refrain

A - lou - et - te lädt zum gro - ßen Fes - te, A - lou - et - te lädt uns al - le ein. 1. Und da gibt es Erd - beer - eis, ein - mal kalt und ein - mal heiß. Erd-beer-eis, kalt und heiß, mmhh!

2. Und da gibt es Sahnetorte
   von der allerbesten Sorte –
   Sahnetorte, beste Sorte,
   Erdbeereis, kalt und heiß,
   hmm!

3. Und da gibt es Schokokringel
   für die allergrößten Schlingel,
   Schokokringel, größte Schlingel …

4. Und da gibt es Gummibär'n
   für die Damen und die Herr'n.
   Gummibär'n, Damen und Herr'n …

5. Und da gibt es Himbeersaft
   komm', wir trinken Brüderschaft.
   Himbeersaft, Brüderschaft …

6. Und da gibt's 'nen Negerkuss,
   damit machen wir jetzt Schluss.
   Negerkuss, machen Schluss …

Denkt euch weitere Strophen aus.
»Alouette« heißt auf französisch »Lerche«.

Dies ist der ursprüngliche Text des Liedes:

Refrain:
Alouette, gentille Alouette,
alouette, je te plumerai.

1. Je te plumerai la tête (2x).
   Et la tête, et la tête,
   alouette, alouette, ah!

2. Je te plumerai le bec (2x).
   Et le bec … et la tête …

3. Je te plumerai les yeux (2x).
   Et les yeux … et la tête …

4. Je te plumerai le cou …

5. Je te plumerai le ailes …

6. Je te plumerai les pattes …

7. Je te plumerai la queue …

8. Je te plumerai le dos …

Zur Begleitung

Der Gurkendrache II/30

Melodie: D. Kühne
Text: R. Blissenbach

1. Im-mer, wenn ich Gur-ken es-se, wer-de ich ganz grün. Doch das ist noch nicht al - les, das wer-det ihr gleich seh'n.
2. Za-cken wach-sen, Au-gen rol-len, Flü-gel sprie-ßen auch. Ich wer-de plötz-lich rie - sig und lie-ge auf dem Bauch.

Schluss:

Refrain
(Drachengeräusche)

Ich bin der gro-ße Dra - che, Dri-, Dra-, Dra - che, und

flie - ge wild um - her. (instrumental) Ich bin der gro - ße Dra - che

(instr.) und flie - ge ü - ber's Meer.

habt ihr jetzt ge - seh'n.

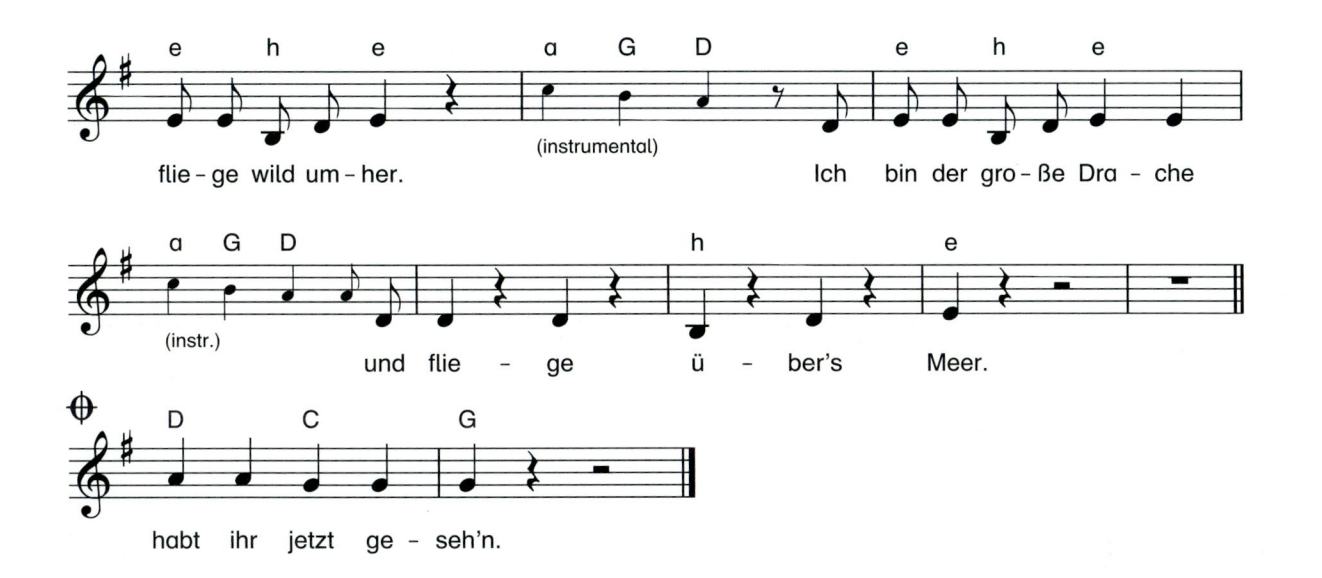

3. Kleine Leute auf den Schiffen gucken ganz verschreckt.
   Sie schrei'n: »Ein Ungeheuer!« und fliehen unter Deck.

   (Ohne Wiederholung folgt der Refrain.)

4. Kleiner werd' ich, immer kleiner, he, nichts wie nach Haus'.
   Ich spei' noch einmal Feuer, dann ist die Reise aus.

5. Immer, wenn ich Gurken esse, werde ich ganz grün.
   Doch das ist noch nicht alles, das habt ihr jetzt geseh'n.

Spiel, Spaß und Unsinn

Wenn du glücklich bist

Melodie: mündlich überliefert aus Schweden
deutscher Text: G. Schöne

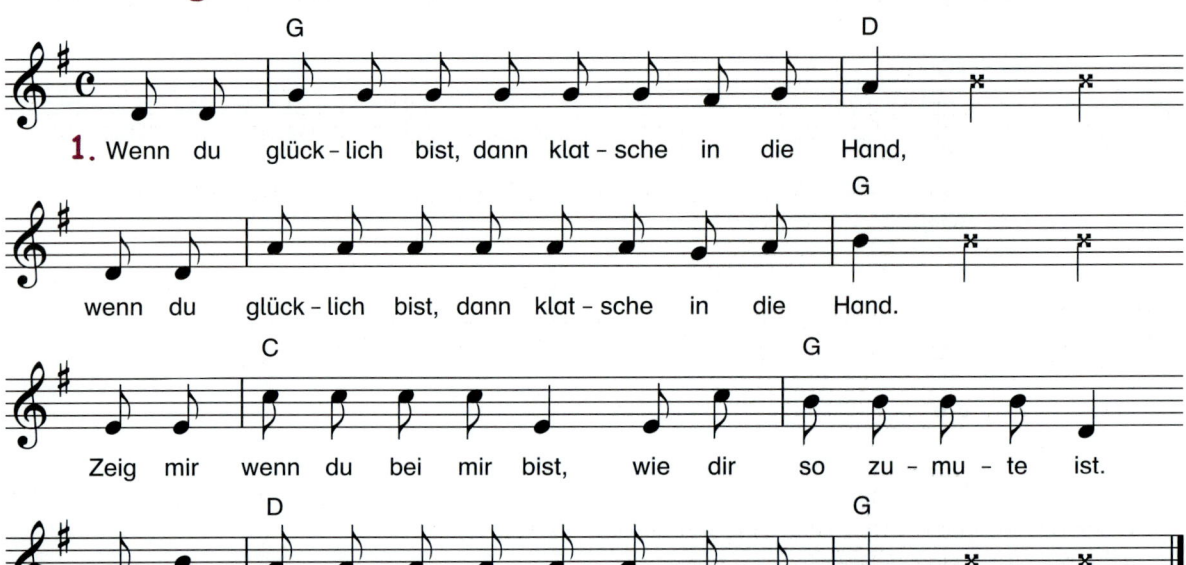

1. Wenn du glück-lich bist, dann klat-sche in die Hand, wenn du glück-lich bist, dann klat-sche in die Hand. Zeig mir wenn du bei mir bist, wie dir so zu-mu-te ist. Wenn du glück-lich bist, dann klat-sche in die Hand.

2. Wenn du wütend bist, dann stampfe mit dem Fuß (stampf-stampf), …

3. Wenn du traurig bist, dann seufze doch einmal (seufz-seufz), …

4. Und wenn du mich gern hast, gib mir einen Kuss (Kuss-Kuss), …

5. Wenn du bei mir bist, dann zeig mir, wie's dir geht.
   (Klatsch-klatsch, stampf-stampf, seufz-seufz, Kuss-Kuss)
   Wenn du bei mir bist, dann zeig mir, wie's dir geht.
   (Klatsch-klatsch, stampf-stampf, seufz-seufz, Kuss-Kuss)
   Zeig mir, wenn du bei mir bist, wie dir so zumute ist,
   wenn du bei mir bist, dann zeig mir, wie's dir geht.
   (Klatsch-klatsch, stampf-stampf, seufz-seufz, Kuss-Kuss)

Erfindet weitere Strophen, z.B. fröhlich – jubeln, ängstlich – zittern …

Zur Begleitung mit Körperinstrumenten:

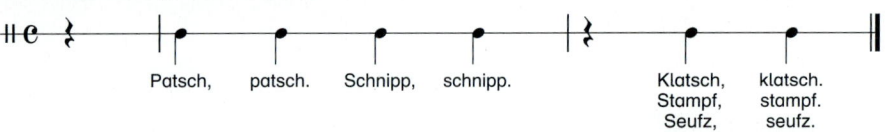

Patsch, patsch. Schnipp, schnipp. Klatsch, klatsch.
Stampf, stampf.
Seufz, seufz.
Kuss, Kuss.

Welche Musikinstrumente könnt ihr stattdessen benutzen?

Alles Banane II/31–32

Melodie, Text, Geräuschideen: M. Kindel

1. Wenn am Mor-gen ein Nas-horn kräht (Geräusch) und im Zim-mer ein Nil-pferd steht. (Geräusch)
   Wenn ein I-gel dich zärt-lich küsst (Geräusch) und ein See-hund dein Müs-li frisst. (Geräusch)

Refrain
Dann ist wie-der mal al-les Ba-na-ne, dann ist wie-der mal al-les klar. al-les klar.

1. Wenn am Morgen ein Nashorn kräht Kikeriki! (Finger auf die Nase)
   und im Zimmer ein Nilpferd steht. (Lippen flattern lassen)
   Wenn ein Igel dich zärtlich küsst (Küsschen verteilen)
   und ein Seehund dein Müsli frisst. Chap, chap! (Essen schaufeln)

2. Wenn im Radio ein Truthahn singt (Gesicht lockern, Kopf schütteln, gackern)
   und im Waschkorb ein Stinktier stinkt. Iiiiih! (Nase zuhalten)
   Wenn im Klo ein Goldfisch schwimmt Blubb, blubb! (Mund auf und zu)
   und im Kühlschrank ein Maulwurf pennt. (Schnarchen, Hand auf Wange)

3. Wenn ein Elefant Fußball spielt Bumm! Toor! (Arme hochreißen)
   und ein Saurier durchs Fenster schielt. Oink, oink! (Finger zur Brille)
   Wenn am Himmel ein Walfisch fliegt Fft, fft! (mit Händen am Körper flattern)
   und im Köpfchen ein Vogel piept. Piep, piep! (einen Vogel zeigen)

Begleitrhythmus:

Simama kaa

Melodie und Text: mündlich überliefert aus Tansania

Si – ma – ma kaa si – ma – ma kaa
ru – ka ru – ka ru – ka si – ma – ma kaa. Tem –
be – a kim – bi – a tem – be – a kim – bi – a
ru – ka ru – ka ru – ka si – ma – ma kaa.

simama	heißt	stehen
kaa	heißt	sitzen
ruka	heißt	hüpfen
tembea	heißt	gehen
kimbia	heißt	rennen

Der Liedtext sagt euch, in welcher Reihenfolge ihr euch bewegen müsst.

Kopf und Schultern II/33

Melodie, französischer und englischer Text: mündlich überliefert
deutscher Text: BK

1. Kopf und Schul-tern, Knie und Fuß, Knie und Fuß.
Kopf und Schul-tern, Knie und Fuß, Knie und Fuß. Hab' 'ne
Na - se, Au - gen, Oh - ren und 'nen Mund.
Kopf und Schul-tern, Knie und Fuß, Knie und Fuß.

2. Tête, épaules, genoux et pieds, genoux et pieds.
   Tête, épaules, genoux et pieds, genoux et pieds.
   J'ai un nez, deux yeux, deux oreilles et une bouche.
   Tête, épaules, genoux et pieds, genoux et pieds.

3. Head and shoulders, knees and feet, knees and feet.
   Head and shoulders, knees and feet, knees and feet.
   I've a nose, two eyes, two ears and a mouth.
   Head and shoulders, knees and feet, knees and feet.

Zeigt an den richtigen Stellen auf die genannten Körperteile.

Das Hottepferd

Melodie: G. Moustaki
französischer Text: M. A. Monnot

Da hat das Hot - te - pferd sich ein - fach um - ge - kehrt und hat mit
sei - nem Schwanz die Flie - ge ab - ge - wehrt, die Flie - ge
war nicht dumm, sie mach - te summ, summ, summ und flog mit
viel Ge - brumm ums Hot - te - pferd he - rum.

Das Lied heißt im französischen Original »Milord« und war vor ca. 50 Jahren sehr bekannt. Wer den deutschen Text erfunden hat, weiß niemand. Es entstehen immer wieder neue Textversionen.

Das Auto von Lucio

Melodie: mündlich überliefert
Text und Spielidee: G. Schöne

Das Au - to von Lu - ci - o, das hat ein Loch im Rei - fen, das
Au - to von Lu - ci - o, das hat ein Loch im Rei - fen, das
Au - to von Lu - ci - o, das hat ein Loch im Rei - fen und
hat's ein Loch im Rei - fen, dann klebt er es zu mit Kau - gum - mi.

Ersetzt bei jedem weiteren Durchgang ein Wort durch eine Bewegung und ein Geräusch.

– Statt »Auto«: »Brrm« und mit den Händen ein Lenkrad steuern
– Statt »Lucio«: »Mmm« und mit der rechten Hand an die Stirn tippen
– Statt »Loch«: »Psss« und mit dem Finger ein Loch in die Luft pieken
– Statt »Reifen«: »Blllp« und mit den Händen ein rollendes Rad darstellen
– Statt »Kaugummi«: »Mamnamnam« und mit dem Daumen den Kaugummi breit drücken

Roll that red car II/34

Melodie und Text: mündlich überliefert
aus England

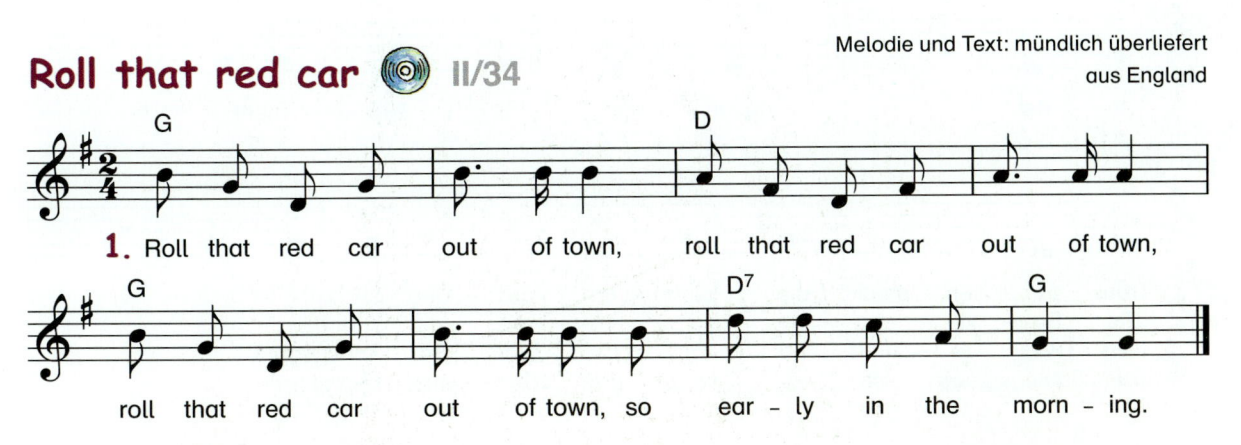

1. Roll that red car out of town, roll that red car out of town,
roll that red car out of town, so ear - ly in the morn - ing.

2. Roll that blue car …

Hallo, wir machen 'ne Band II/35

Musik und Text:
Thomas F. Paha

Hal - lo, wir ma - chen 'ne Band!

Je - der spielt ein Ins - tru - ment!

1. Trom - pe - ten, steckt die Dämp - fer auf und swingt!
2. Die Sa - xo - pho - ne hoch, da - mit es klingt!
3. Den Bass ge - zupft, da - mit die Sai - te schwingt!
4. Das Schlag - zeug ist es, was den Rhyth - mus bringt!

Ahmt beim Singen das Spielen der Instrumente nach.

F
C
Dab da da da da.
Dab da da da da.
erst ab der 2. Strophe singen
Dub di du du di du.
Dub di
erst ab der 3. Strophe singen
Bom bom bom bo bom bom. Bom bom
erst ab der 4. Strophe singen
p tsch p tsch p tsch p tsch p tsch
G
G7
Dab dab dab dab dab dab dab dab dab dab.
du du di du. Du du du du du du du du dub.
bom bo bom bom. Bom bom bom bom bom bom bom bo bom.
p tsch p tsch p tsch p tsch p tsch
1.
2.
C
C7
C
Cisdim
d7
G7
Dab
p tsch tsch tsch tsch tsch tsch
p tsch tsch tsch tsch tsch tsch

Little green frog II/36

Melodie und Text:
mündlich überliefert aus England

Mmh, mmh went a lit-tle green frog one day. Mmh, mmh went a lit-tle green frog. Mmh, mmh went a lit-tle green frog one day, 'cause lit-tle green frog goes mmh, mmh ah!

But we all know frogs go uh scha-di-da-di-da, uh-scha-di-da-di-da, uh scha-di-da-di-da, we all know frogs go uh scha-di-da-di-da and not mmh mmh ah!

Macht die Bewegungen zum Lied.

① Schulter hoch
② Schulter runter, Zunge raus

Six in the bed II/37

Melodie und Text: mündlich überliefert aus England

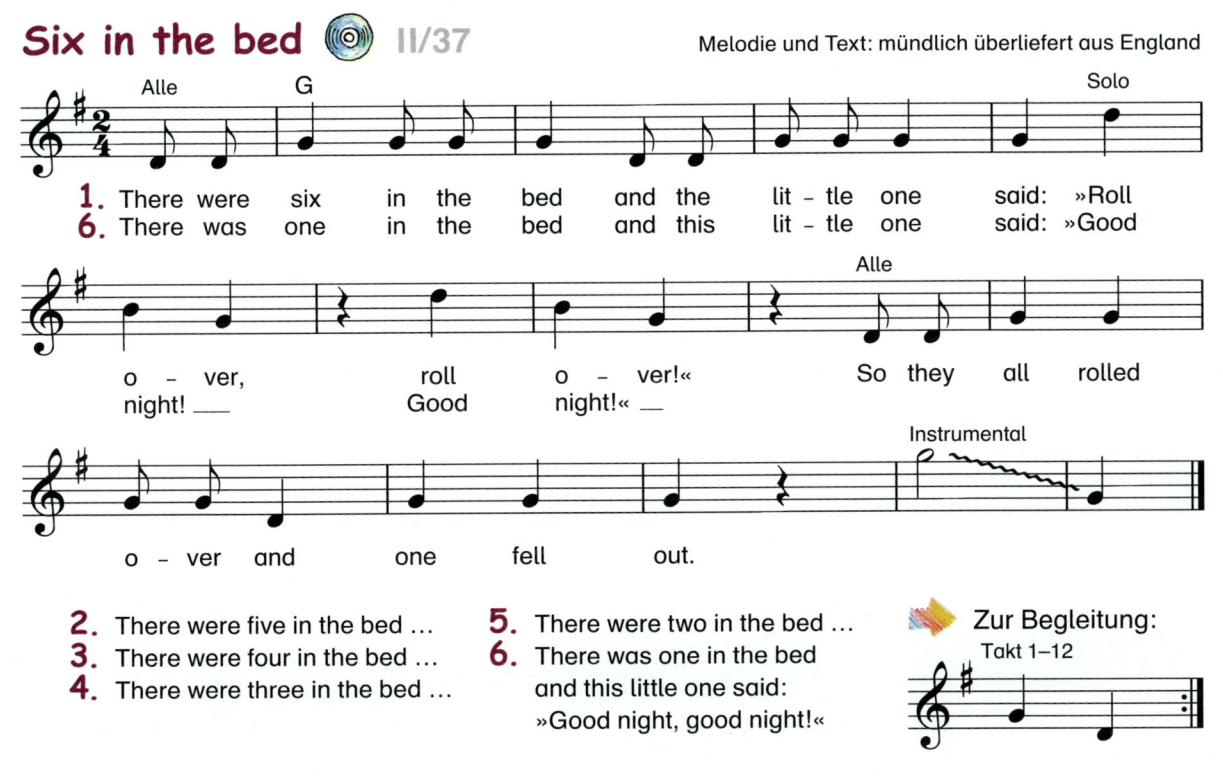

1. There were six in the bed and the little one said: »Roll o-ver, roll o-ver!« So they all rolled o-ver and one fell out.
6. There was one in the bed and this little one said: »Good night! Good night!«

2. There were five in the bed …
3. There were four in the bed …
4. There were three in the bed …
5. There were two in the bed …
6. There was one in the bed and this little one said: »Good night, good night!«

Zur Begleitung: Takt 1–12

Die zehn Indianer – One little Indian

Melodie und Text: aus England
deutscher Text: G. Schöne

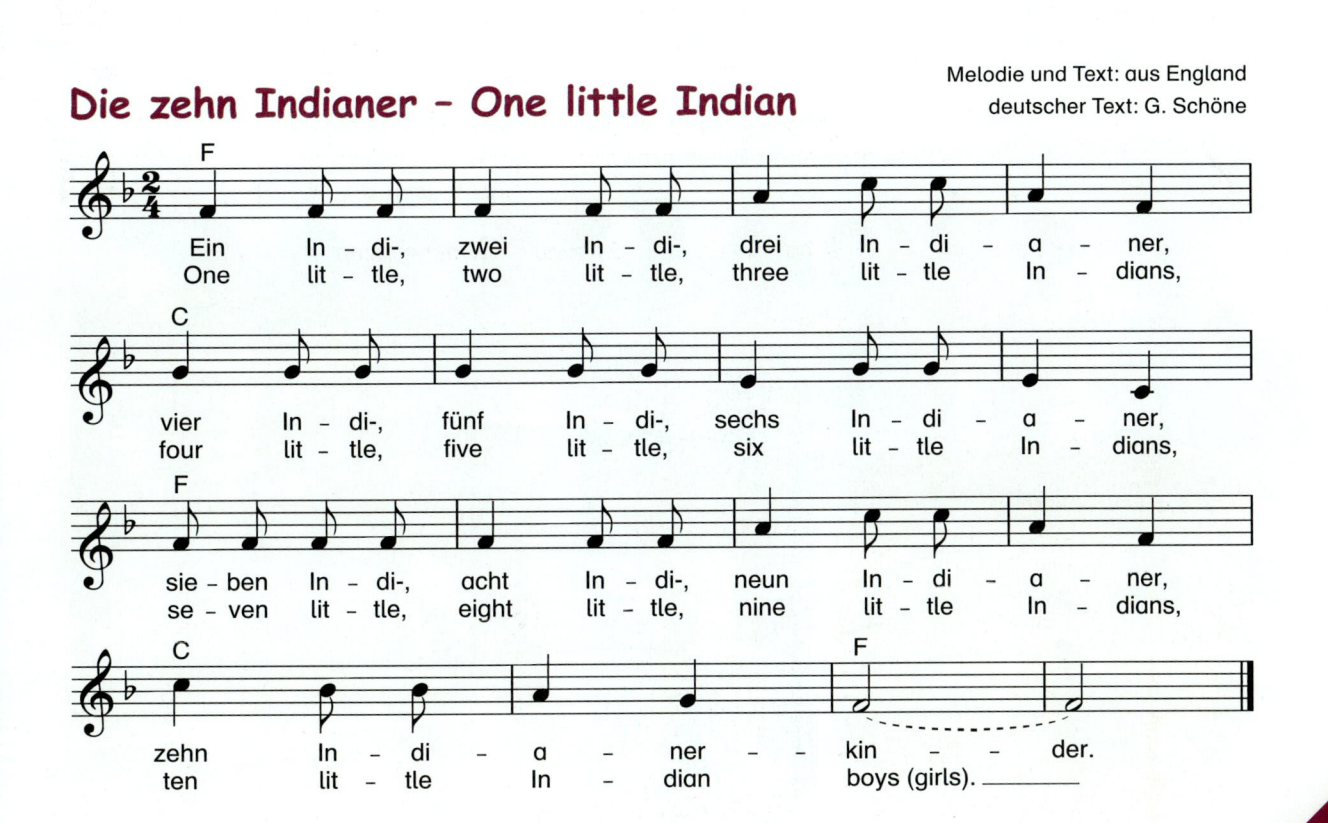

Ein Indi-, zwei Indi-, drei Indianer,
One little, two little, three little Indians,
vier Indi-, fünf Indi-, sechs Indianer,
four little, five little, six little Indians,
sieben Indi-, acht Indi-, neun Indianer,
seven little, eight little, nine little Indians,
zehn Indianerkinder.
ten little Indian boys (girls).

Sur le pont d'Avignon 🔘 II/38

Melodie und französischer Text: aus Südfrankreich
deutscher Text: BK und WDL

Sur le pont d'A-vi-gnon, on y dan-se, on y dan-se.
In der Stadt A-vi-gnon tanzt man ger-ne auf der Brü-cke.

tous en rond.
rund-he-rum.

1. Les belles da-mes font comme ça,
1. Die Da-men ma-chen's so

et puis en-co-re comme ça.
und dann geht's noch mal so.

2. Die Herren …
   Les beaux messieurs …

3. Die Soldaten …
   Les militaires …

4. Die Musiker …
   Les musiciens …

5. Die Freunde …
   Les bons amis …

6. Die Kinder …
   Et les enfants …

7. Die Babies …
   Les petits bébés …

8. Die Schuster …
   Les cordonniers …

9. Die Schneider …
   Et les tailleurs …

🔸 Macht in jeder Strophe an den entsprechenden Stellen eine passende Bewegung.

Es führt über den Main

Melodie und Text: F. Kuckuck

1. Es führt über den Main eine Brücke von Stein, wer darüber will gehn, muss im Tanze sich drehn. Fa-la-la-la-la, fa-la-la-la.

2. Kommt ein Fuhrmann daher, hat geladen gar schwer,
   seiner Rösser sind drei und sie tanzen vorbei.

3. Und ein Bursch ohne Schuh' und in Lumpen dazu,
   als die Brücke er sah, ei wie tanzte er da.

4. Kommt ein Mädchen allein auf die Brücke von Stein,
   fasst ihr Röckchen geschwind und sie tanzt wie der Wind.

5. Und der König in Person steigt herab von seinem Thron,
   kaum betritt er das Brett, tanzt er gleich Menuett.

6. Es führt über den Main eine Brücke von Stein,
   wir fassen die Händ' und wir tanzen ohn' End'.

Le rock du robot costaud – Roboter Kasimir

Melodie und französischer Text: F. Löchner
deutscher Text: BK

II/39–40

Refrain

Ca-si-mir le ro-bot, Ca-si-mir le ro-bot, Ca-si-mir le ro-bot, ro-bot co-staud. Ap-puie sur les bou-tons et tour-ne les bou-lons. Ca-si-mir le ro-bot, ro-bot co-staud. 1. Il tourne la tête par ci, il tourne la tête par là. Ca-si-mir le ro-bot, ro-bot co-staud.

Ro-bo-ter Ka-si-mir, Ro-bo-ter Ka-si-mir, der ma-schi-nel-le, di-cke Ka-si-mir. Den Knopf mal hier ge-drückt, die Schrau-be da ge-dreht, Ro-bo-ter Ka-si-mir, der weiß, wie's geht. 1. Zick-zack, den Kopf ge-dreht, zick-zack, den Kopf zu-rück, Ro-bo-ter Ka-si-mir, der ist ent-zückt.

2. Il pose le pied comme ci,
   il pose le pied comme ça.
   Casimir le robot, robot costaud.

3. Il lève la jambe aussi,
   il lève le bras, voilà.
   Casimir le robot, robot costaud.

4. Il bouge son ventre gris,
   il bouge sa main, ses doigts.
   Casimir le robot, robot costaud.

5. Casimir est cassé,
   on va le réparer.
   Casimir le robot, robot costaud.

2. Rum bum, den Fuß gestampft,
   rum bum, so gut du kannst,
   Roboter Kasimir, der stampft galant.

3. Und nun das Bein gestreckt,
   und dann den Arm gereckt,
   Roboter Kasimir, der reckt und streckt.

4. Voilà, den Bauch gedreht,
   Finger und Hand bewegt,
   Roboter Kasimir ist aufgeregt.

5. Oje, er klappt zusamm',
   der Klempner kommt schon an
   und repariert Roboter Kasimir.

Bewegt euch wie Kasimir!

La Ola III/1

Melodie und Text: U. Führe

1. Ei-ne klei-ne Wel-le rollt durch ei-nen Bach.
Doch für gro-ße Ta-ten ist der Bach zu flach. Und sie heißt

Refrain
O - la, la O - la! Und sie heißt
O - la, la O - la.

2. Eine kleine Welle
rollt durch einen Teich.
Doch für Wellenberge
ist der Teich zu seicht.

3. Eine kleine Welle
rollt durch einen Fluss.
Doch an einem Wehr ist
für die Welle Schluss.

4. Eine kleine Welle
rollt durch einen See.
Plötzlich kommt ein Felsen
und sie bricht, oh weh!

5. Eine kleine Welle
rollt durch einen Strom.
Doch bei einem Kraftwerk
naht ihr Ende schon.

6. Eine kleine Welle
rollt durch's große Meer.
Doch die vielen Stürme
stören sie zu sehr.

7. Eine kleine Welle
rollt durchs Stadion.
Endlich ist sie eine
Riesensensation.

Während einige Kinder in der Mitte des Kreises mit Hilfe einer Abdeckfolie den Teich, den Fluss, den See, den Strom und das Meer gestalten ①, geht der Außenkreis herum ②. Im Refrain bleibt man stehen und macht die »La-Ola«-Welle ③.

La-Ola-Welle

Ich singe jeden Tag – I'm singing in the rain

Melodie: mündlich überliefert nach N. H. Brown
englischer Text: A. Freed
deutscher Text: H.H. Werner
Spielfassung: mündlich überliefert

A Alle gehen hintereinander im Kreis gegen den Uhrzeigersinn und ohne Handfassung

Ich sin - ge je - den Tag. Ich sin - ge, was ich
I'm sing - ing in the rain. Just sing - ing in the

B Im Gehen Arme hochnehmen

C Linkes Bein im Ausfallschritt und linken Arm mit gestreckten Fingern nach innen strecken

mag, mal sing' ich im Au - to und meist auch im Bad.
rain. What a glo - ri - ous feel - ing, I'm hap - py a - gain.

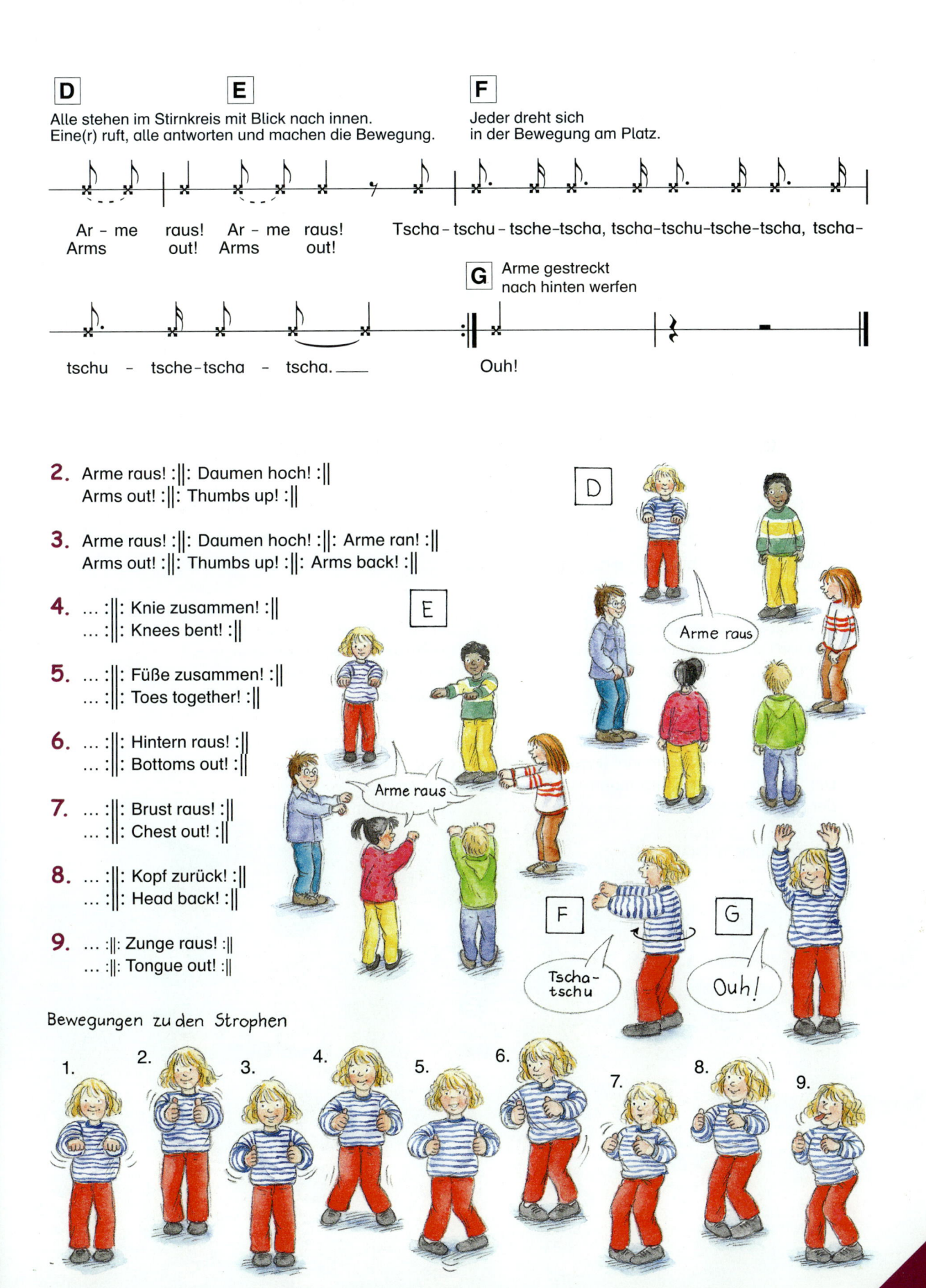

D Alle stehen im Stirnkreis mit Blick nach innen.
Eine(r) ruft, alle antworten und machen die Bewegung.

E

F Jeder dreht sich in der Bewegung am Platz.

Ar - me   raus!   Ar - me   raus!   Tscha - tschu - tsche - tscha, tscha - tschu - tsche - tscha, tscha-
Arms   out!   Arms   out!

G Arme gestreckt nach hinten werfen

tschu - tsche - tscha - tscha.   Ouh!

2. Arme raus! :||: Daumen hoch! :||
   Arms out! :||: Thumbs up! :||

3. Arme raus! :||: Daumen hoch! :||: Arme ran! :||
   Arms out! :||: Thumbs up! :||: Arms back! :||

4. … :||: Knie zusammen! :||
   … :||: Knees bent! :||

5. … :||: Füße zusammen! :||
   … :||: Toes together! :||

6. … :||: Hintern raus! :||
   … :||: Bottoms out! :||

7. … :||: Brust raus! :||
   … :||: Chest out! :||

8. … :||: Kopf zurück! :||
   … :||: Head back! :||

9. … :||: Zunge raus! :||
   … :||: Tongue out! :||

Bewegungen zu den Strophen

1. 2. 3. 4. 5. 6. 7. 8. 9.

Tanzen

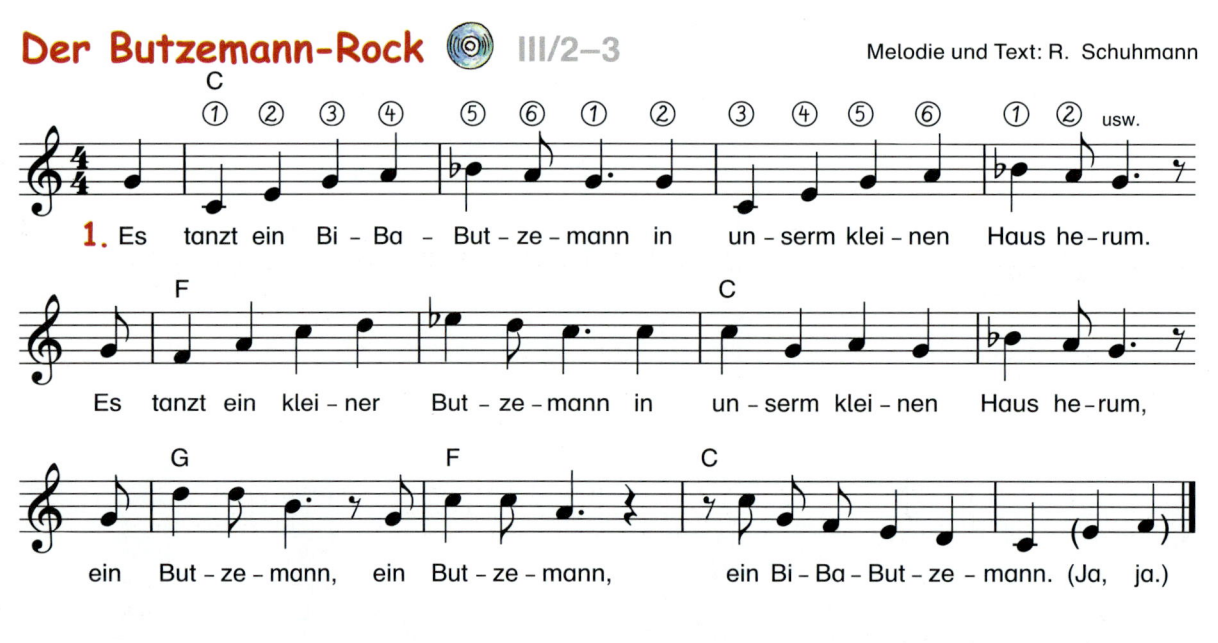

Der Butzemann-Rock   III/2–3

Melodie und Text: R. Schuhmann

1. Es tanzt ein Bi-Ba-Butzemann in unserm kleinen Haus herum.
Es tanzt ein kleiner Butzemann in unserm kleinen Haus herum,
ein Butzemann, ein Butzemann, ein Bi-Ba-Butzemann. (Ja, ja.)

2. Er rüttelt sich, er schüttelt sich,
und wirft sein Säcklein hinter sich. (2-mal)
Der Butzemann, der Butzemann,
der Bi-Ba-Butzemann.

3. So schaut nur, wie er tanzen kann,
der kleine Bi-Ba-Butzemann. (2-mal)
Der Butzemann, der Butzemann,
der Bi-Ba-Butzemann.

4. Und alles fängt zu tanzen an,
genauso wie der Butzemann. (2-mal)
Der Butzemann, der Butzemann,
der Bi-Ba-Butzemann.

5. Und wer da noch nicht aufhör'n kann,
der fängt das Lied von vorne an. (2-mal)
Von vorne an, von vorne an,
das Lied vom Butzemann.

Tanzt Rock 'n' Roll.

Skip to my Lou III/4

Melodie und Text: mündlich überliefert

1. Choose your partner, skip to my Lou, choose your
2. Flies in the buttermilk, shoo shoo shoo, flies in the

Refrain: Hey, ho, skip to my Lou, hey,

partner, skip to my Lou, choose your partner
buttermilk, shoo fly shoo, flies in the buttermilk,
ho, skip to my Lou, hey, ho,

skip to my Lou, skip to my Lou, my darling.
shoo fly shoo, skip to my Lou, my darling.
skip to my Lou, skip to my Lou, my darling.

skip = springen
Lou = altes Wort für »Liebling«

Tanzanleitung

Stellt euch zu Paaren im Kreis auf, Gesicht zur Mitte. Ein Junge steht allein in der Mitte. Alle singen die erste Strophe und klatschen dabei. Am Ende der Strophe sucht sich der Junge eine Partnerin.
Zum Refrain springt er mit ihr den Kreis der Mitspieler entlang. Am Schluss des Refrains bringt er die Partnerin zu ihrem Platz zurück und tauscht den Platz mit dem übrig gebliebenen Jungen, der nun den Platz in der Mitte einnimmt.

La bonne galette – Der Dreikönigskuchen

III/5

Melodie und Text:
mündlich überliefert aus Frankreich
deutscher Text: BK

A Qui fe-ra la bon-ne ga-let-te, la gal-let-te qui
Wer von uns be-kommt heut' den Ku-chen, wer von uns, wer

la man-ge-ra? **B** Ce se-ra toi, ce se-ra moi,
isst ihn dann auf? Du wirst es sein, ich werd es sein.

ce se-ra cel-le que tu choi-si-ras. **C** Un, deux, trois, quatre,
Ei-ner hat Glück und der wird es dann sein. Eins, zwei, drei, vier,

cinq, six. **D** Et voi-là le roi et la rei-ne,
fünf, sechs. Kö-ni-gin und Kö-nig, da sind sie

et voi-la la reine et le roi.
Kö-nig und Kö-ni-gin sind aus-er-wählt.

Der 6. Januar ist der Dreikönigstag. An diesem Tag bekommen die Kinder in Frankreich als Nachspeise einen Dreikönigskuchen (une galette): Manchmal nehmen sie eine »galette« auch mit in die Schule. In einem der Kuchenstücke befindet sich die Figur eines Königs oder einer Königin. Wer dieses Kuchenstück erhält, ist den ganzen Tag lang König oder Königin und bekommt eine Krone aufgesetzt!

A Takt 1 und 2 in Tanzrichtung gehen, Takt 3 und 4 Richtung wechseln

B Die Kinder zeigen auf das Kind in der Kreismitte und anschließend auf sich selbst (2x).

C Das Kind in der Kreismitte zählt sechs Kinder ab. Das sechste Kind tritt in die Kreismitte.

D Die beiden Kinder in der Kreismitte tanzen zusammen, während die anderen Kinder in die Hände klatschen.

Taino Tee III/6

Melodie und Text: P. Budde
nach mündlicher Überlieferung der Arawak
deutscher Text: P. Budde

Tai-no Tee Wa-kee A-ta, Tai-no
Für die Er-de sin-gen wir, Stei-ne,
To the moth-er earth we raise our

1. Tee Wa-kee A-ta, Tai-no
Pflan-zen, Mensch und Tier. Für die
voi-ces, songs of praise. To the

2. Tee Wa-kee A-ta, Tai-no
Pflan-zen, Mensch und Tier. Für die
voi-ces, songs of praise. To the

Tee Wa-kee A-ta, Tai-no
Er-de sin-gen wir, Stei-ne,
moth-er earth we raise our

Tee Wa-kee A-ta, Tai-no
Pflan-zen, Mensch und Tier. Für die
voi-ces, songs of praise. To the

Tee Wa-kee A-ta, Tai-no
Er-de sin-gen wir, Stei-ne,
moth-er earth we raise our

Tee Wa-kee A-ta.
Pflan-zen, Mensch und Tier.
voi-ces, songs of praise.

Singt das indianische Lied und tanzt den Kanuschritt dazu. Verwendet dazu einen Stock oder Ähnliches als Paddel. Der Kanuschritt ist einer der gebräuchlichsten Tanzschritte der Indianer Nordamerikas.

①: Bei der **1** mit dem rechten Fuß aufstampfen

②, ③, ④: Bei der **2, 3** und **4** mit dem linken Fuß einen Halbkreis nach vorn auf den Zehenspitzen setzen.

⑤: Bei der nächsten **1** mit dem linken Fuß einen Schritt vor, dabei aufstampfen.

⑥: Bei der **2, 3** und **4** mit dem rechten Fuß einen Halbkreis nach vorn auf den Zehenspitzen setzen.

Es folgt ① usw.

Der Ententanz – The Birdie Song – La danse des canards I/7–9

Melodie und Text: W. Thomas / T. Rendall
französischer Text: J. u. R. Williams
deutscher Text: BK

Teil A

① (Hände)   ② (Arme)   ③ (Po)

Klapp die Hän-de gut zu-samm' und jetzt wa-ckel mit dem Arm und jetzt wa-ckel mit dem
Und jetzt ei-nen klei-nen Kuss, weil's beim Fasching so sein muss, hier ein Kichern, da ein
With a lit-tle bit of this and a lit-tle bit of that, then a lit-tle wig-gle
With a lit-tle peck for you and a lit-tle peck for me, then a lit-tle gig-gle

F (klatsch, klatsch, klatsch, klatsch) ①   F⁷ ②

Po - po - po - po - po. Klapp die Hän-de gut zu-samm' und jetzt wa-ckel mit dem
Blick, schick, schick, schick, schick. Und jetzt wie-der Fir-le-fanz mit dem Flü-gel, mit dem
down and up a - gain. With a lit-tle bit of this and a lit-tle bit of
too and then a glance. With a lit-tle bit of this and a lit-tle bit of

1. ③   B   **2.**

Arm und jetzt wa-ckel mit dem Po, so, so, so, so. Schwanz. Ja, so geht es ru-cki
that, then a lit-tle gig-gle down and up a - gain. that. It's a lot of fun to

B Fine

zuck beim En-ten-tanz.
do the bird-ie dance.

Tanzt zu Paaren (1a, 2a, 3a, 4, 5) oder im Kreis (1b, 2b, 3b, 6).

Teil A

1b + 2b wie 1a und 2a in Kreisaufstellung

Teil B

④ B

Nun geht's he-rum in Ster-nen-hal-tung. Nun geht's nach
Then we all make a star and cir-cle left, and sing as

F ⑤ F⁷

links im Kreis he-rum. Und jetzt die Rich-tung schnell ge-
we go round the floor. Then we change hands and cir-cle

1. B

wech - selt, das geht doch wun-der-bar, wir fall'n nicht um.
to the right. We're hav-ing fun to-night, let's dance some more.

2. B D.C. al Fine

gleich fall'n wir um!
let's dance some more.

Französischer Text:
Teil A:
C'est la danse des canards qui en sortant de la mare
se secouent le bas des reins et font coin, coin.
Et comme les petits canards et pour que tout le monde se marre
remuer du popotin en faisant coin, coin.
A présent claquez du bec en secouant vos plumes avec
avec beaucoup plus d'entrain, et des coins, coins.
Allez mettez-en un coup, on s'amuse comme de p'tits fous,
maintenant pliez les genoux, redressez-vous.

Teil B:
Tournez c'est la fête, bras dessus-dessous
comme des girouettes, c'est super-chouette,
c'est extra-fou!

Teil B

Den »Ententanz« sieht man seit 20 Jahren beim Fasching.

Káto sto jalò – Unten an dem Strand

Melodie: mündlich überliefert aus Griechenland
Text: BK nach einer Vorlage von I. Merkt

III/10

1. Ká - to sto ja - ló, ká - to sto pe - ri - já - li. Ká - to sto ja -
1. Un - ten an dem Strand, da steht ein schö - nes Bäum - chen. Klei - ner Po - me -

ló kon - dí, ne - rant - zú - la fun - do - tí. fun - do - tí.
ran - zen - baum sieht so viel, man glaubt es kaum. glaubt es kaum.

2. Mädchen aus Chios, die wuschen hier die Wäsche.

3. Unten an dem Strand, da spannten sie die Leine.

4. An der Leine weht nun Wäsche in dem Winde.

5. Mädchen spiel'n im Sand an dem schönen Strande.

2. Plénan chiótisses, plénan papadhopúles,
plénan chiótisses kondí, nerantzúla fundotí.

3. Plénan ki áplonan ke me tin ámo pésan,
plénan ki áplonan kondí, nerantzúla fundotí.

Tanzt die griechischen Tanzschritte zum Lied.
Denkt euch selbst weitere Verse aus, die vom Urlaub am Strand handeln.

Bir mumdur – Eine Kerze

III/11

Melodie und Text: mündlich überliefert
aus der Nord-Türkei

① rechts seit = ♩
② links übersetzen = ♩
③ rechts seit = ♩
④ links kick = ♩
⑤ links seit = ♩
⑥ rechts kick = ♩

Çay i-çin-de döğ-me taş gön-lüm hu-ni gö-züm yaş
Ak-lı-mı baş-tan al-dı or-ta boy-lu ka-lem kaş
Kommt, lasst uns fei-ern, heu-te ist das gro-ße Hoch-zeits-fest.

Bir mum-dur, i-ki mum-dur, üç mum-dur, dört mum-dur, on
Ein Ker-zen-licht, zwei Ker-zen-lich-ter, drei und vier, vier-zehn Ker-zen

dört mum-dur, ba-na bir bag-de dol-dur, bu ne gü-zel
schenk' ich dir. Küss mich und dann bin ich froh! Uns-re schö-ne

dü-ğün-dür ha nin-nah, ha nin-nah hay-ra-ni-na!
Hoch-zeit macht mich ja so froh. Uns-re Hoch-zeit macht mich froh!

Dieses Lied erklingt häufig auf türkischen Hochzeiten und man tanzt dazu die Schritte des ›Halay‹. Tanzt sie zum Lied »Bir mumdur«.

Tierisches

Mein Schnuffeltier III/12–13

Melodie und Text: M. Frielinghaus

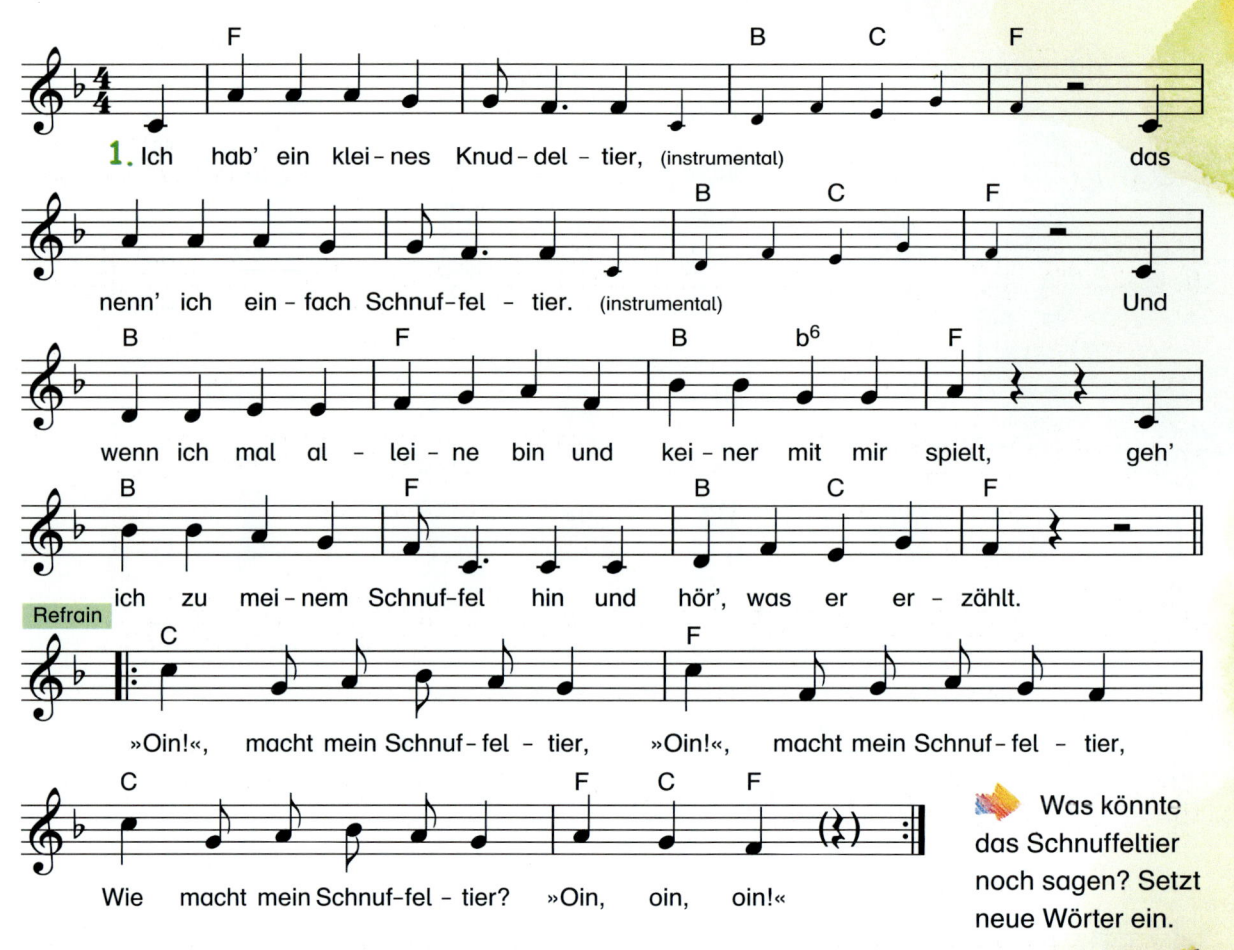

1. Ich hab' ein kleines Knuddeltier, (instrumental) das nenn' ich einfach Schnuffeltier. (instrumental) Und wenn ich mal alleine bin und keiner mit mir spielt, geh' ich zu meinem Schnuffel hin und hör', was er erzählt.

Refrain
»Oin!«, macht mein Schnuffeltier, »Oin!«, macht mein Schnuffeltier, Wie macht mein Schnuffeltier? »Oin, oin, oin!«

2. Mein kleines Knuddel-, Schnuffeltier
ist ganz besonders lieb zu mir.
Und hab' ich auch mal ein Problem,
mein Schnuffel, der weiß Rat.
Und alles ist nur halb so schlimm,
weil Schnuffel einfach sagt:

3. Ich hab' ein kleines Knuddeltier,
das nenn' ich einfach Schnuffeltier.
Und wenn ich in mein Bettchen muss
und noch nicht schlafen kann,
geb' ich dem Schnuffel einen Kuss
und fang' zu »oinen« an.

Was könnte das Schnuffeltier noch sagen? Setzt neue Wörter ein.

Ablauf: 1. Strophe – Refrain – 2. Strophe – Refrain – instrumentale Zwischenstrophe – Refrain – 3. Strophe – Refrain

Meine Biber haben Fieber   III/14

Melodie: mündlich überliefert
Textfassung: W. Hering / B. Meyerholz

1. Mei-ne Bi-ber ha-ben Fie-ber, oh die Ar-men.
Will sich kei-ner denn der ar-men Tier' er-bar-men.
Mei-ne Bi-ber ha-ben Fie-ber, sagt der Farm-be-sit-zer
Sie-ber, hätt' ich sel-ber lie-ber Fie-ber und den Bi-bern ging es gut.

2. Meine Mäuse haben Läuse, oh die Armen.
Will sich keiner denn der armen Tier' erbarmen.
Meine Mäuse haben Läuse,
ach, es krabbelt im Gehäuse.
Hätt' ich selber lieber Läuse
und den Mäusen ging es gut.

3. Meine Hasen haben Blasen, oh die Armen.
Will sich keiner denn der armen Tier' erbarmen.
Meine Hasen haben Blasen
vom Grasen auf dem Rasen.
Hätt' ich selber lieber Blasen
und den Hasen ging es gut.

4. Meine Hummer haben Kummer, oh die Armen.
Will sich keiner denn der armen Tier' erbarmen.
Meine Hummer haben Kummer,
sagt der Hummerwärter Brummer.
Hätt' ich selber lieber Kummer
und den Hummern ging es gut.

5. Meine Schwäne kriegen Zähne, oh die Armen.
Will sich keiner denn der armen Tier' erbarmen.
Meine Schwäne kriegen Zähne,
eig'ntlich Quatsch, dass ich's erwähne.
Kriegt' ich selber lieber Zähne und
den Schwänen ging es gut.

Eine Schulklasse aus Saarn dichtete viele weitere Strophen, zum Beispiel:
a) Meine Hähne hab'n Migräne … doch kein Huhn weint eine Träne …
b) Meine Mücken haben Krücken … sie verunglückten beim Bücken …
Erfindet neue Strophen!

Wenn der Elefant in die Disco geht

Melodie und Text: K.W. Hoffmann

III/15

1. Wenn der Elefant in die Disco geht, weißt du, wie er sich auf der Tanzfläche dreht? Ganz gemütlich setzt er einen vor den andern Schuh und schwingt seinen Rüssel im Takt dazu.

Refrain
Eins, zwei, drei und vier, der Elefant ruft: »Kommt und tanzt mit mir!« Fünf, sechs, sieben, acht und alle haben mitgemacht!

2. Wenn der Bär in die Disco geht,
weißt du, wie er sich auf der Tanzfläche dreht?
Die Vordertatzen hebt er und brummt ganz leis
und dreht sich langsam um sich selbst im Kreis.

… der Bär ruft …

3. Wenn der Affe in die Disco geht,
weißt du, wie er sich auf der Tanzfläche dreht?
Er baumelt mit den Armen und hüpft ein Stück
nach links und nach rechts, vor und wieder zurück.

… der Affe ruft …

4. Wenn das Stinktier in die Disco geht,
weißt du, wie es sich auf der Tanzfläche dreht?
Es tanzt Rock 'n' Roll und sein angenehmer Duft,
wie französisches Parfüm, erfüllt die Luft.

… das Stinktier ruft …

Bewegt euch wie die Tiere zum Lied.

Der Katzentatzentanz

Melodie und Text: F. Vahle

Guck, die Kat - ze tanzt al - lein, tanzt und tanzt auf ei - nem Bein. (zur Strophe)
»Mit dem I - gel tanz ich nicht. Ist mir viel zu sta - che - lig.« (zur Sprechzeile)
Und dann tan - zen sie zu zwei'n, ü - ber Stock und ü - ber Stein. (zum Schluss)

(nach Str. 5:)
Er bringt al - le an - dern mit und schon tan - zen sie im Schritt.
Ein - mal laut und ein - mal leis' und schon tan - zen sie im Kreis
bis zum A - bend - son - nen - schein. (zum Schluss)

1. Kam der I - gel zu der Kat - ze: »Bit - te reich mir dei - ne Tat - ze!« D.C. con rep. 2. Zeile

Sprechzeile: Doch der I - gel neigt sich vor, sagt der Kat - ze was ins Ohr: ……………… D.C. con rep. 3. Zeile

Schluss: Und dann gin - gen bei - de heim.
nach 5. Strophe: Und dann gin - gen al - le heim.

2. Kam der Hase zu der Katze: »Bitte reich mir deine Tatze!«
   »Mit dem Hasen tanz' ich nicht. Ist mir viel zu zappelig!«
   Doch der Hase neigt sich vor, …

3. Kam der Dackel zu der Katze: »Bitte reich mir deine Tatze!«
   »Mit dem Dackel tanz' ich nicht, denn der tanzt so wackelig!«
   Doch der Dackel neigt sich vor, …

4. Das Gespenst kam zu der Katze: »Bitte reich mir deine Tatze!«
   »Mit dem Gespenst, da tanz' ich nicht. Ist mir viel zu gruselig!«
   Doch das Gespenst, das neigt sich vor, …

5. Kam der Kater zu der Katze, leckte ihr ganz lieb die Tatze,
   streichelt sie und küsst sie sacht und schon hat sie mitgemacht.

Erfindet neue Figuren, z.B.
– der Hamster – ist mir viel zu pummelig
– die Wildsau – denn die grunzt so fürchterlich
– die Qualle – ist mir viel zu schwabbelig

On ne verra jamais – Niemals wird man dies hier seh'n

Melodie und französischer Text: H. Dès
deutscher Text: BK

Refrain

On ne ver-ra ja-mais, mais-mais. On ne ver-ra ja-mais.
Nie-mals wird man dies hier seh'n, nie-mals wird man's seh'n.

1. Un gen-til té-tard a-vec sa gui-tare
1. Für die Fi-sche-lein singt das Frösch-lein klein

chan-ter des chan-sons aux poi-ssons.
mit sei-ner Gi-tarr': »Plarr, plarr, plarr«.

2. Vingt mille fourmis
prendre le taxi
pour faire un p'tit tour
dans la cour.

2. Ameisen zu Hauf'
drehen richtig auf,
fahr'n im Hof Taxi
schnell wie nie.

3. La baleine bleue
avaler sa queue
avec une tartine –
quelle cuisine.

3. Seinen eig'nen Schwanz
frisst der Blauwal ganz
mit dem Frühstücksbrot –
Wal in Not.

4. Un rhinocéros
monter en carrosse
afin d'être à l'heure
chez sa sœur.

4. Ein Rhinozeros
steigt in 'ne Kaross',
pünktlich will es sein
beim Schwesterlein.

5. Un chat de gouttière
boire un verre de bière
dans un restaurant
élégant.

5. Eine Rinnstein-Katz'
Bier im Glase schmatzt
in 'nem Restaurant
elegant.

6. Un serpent piteux
tout vieux, tout boiteux
sur une bicyclette
sans lunettes.

6. Eine Jammerschlange,
alt mit Hinkebein,
Rennrad will sie fahr'n
mit viel Charme.

Nicht mit mir

Melodie und Text: U. Führe

1. Ein Räuber streifte auf der Pirsch, die Flinte war dabei,
er suchte einen selt'nen Hirsch und wollte ein Geweih.
Kaum hatte er den Hirsch entdeckt, da wurde er von ihm erschreckt:

Refrain:
»Nicht mit mir!«, sprach das Tier, »jetzt verschwinde von hier, denn sonst kracht's und ich mach mal das Gleiche mit dir! Nicht mit Gleiche mit dir!«

2. In Indien ging's auf Tigerjagd,
der Räuber droht' dem Tier:
»Du Biest, das war dein letzter Tag,
schon bald gehörst du mir!«
Kaum war der Tiger ausgespäht,
da sprach die Dschungelmajestät:
»Nicht mir mir …

3. Der Räuber ging nach Afrika,
er wollte Elfenbein.
Nach langer Suche schrie er: »Da!
Der Stoßzahn, der ist mein!«
Und als er endlich vor ihm stand,
da sprach der große Elefant:
»Nicht mit mir …

4. Er reiste dann nach Grönland hin
zur großen Robbenschar.
Das schöne Fell versprach Gewinn,
weil es so wertvoll war.
Das Eis war hart, der Wind blies kalt,
die Robbenmama sagte: »Halt!
Nicht mit mir …

Spielt das Lied nach.
Da der Räuber meist auf eine ganze Tierfamilie stößt, können viele von euch mitspielen.

Onkel Jörg hat einen Bauernhof – Old Mac Donald had a farm

Melodie und Text: aus den USA
deutscher Text: BK nach einer Vorlage von R. R. Klein

1. On-kel Jörg hat ei-nen Bau-ern-hof, hei-a, hei-a, ho!
1. Old Mac Do-nald had a farm, E I E I O!

Da lau-fen ein paar Hüh-ner rum, hei-a, hei-a, ho!
And on his farm he had some chicks, E I E I O!

Es macht gock, gock hier, es macht gock, gock da.
With a chick-chick here and a chick-chick there.

Hier ein gock, da ein gock, ü-ber-all ein gock. On-kel
Here a chick, there a chick, ev'-ry-where a chick-chick.

Jörg hat ei-nen Bau-ern-hof, hei-a, hei-a, ho!
Old Mac Do-nald had a farm, E I E I O!

2. … Enten … quak, quak …
2. … he had some ducks … With a quack-quack here …

3. … Gänse … gack, gack …
3. … he had some geese … With a gabble-gabble here …

4. … Schweine … oink, oink …
4. … he had a pig … With a oink-oink here …

5. … Kühe … muh, muh …
5. … he had a cow … With a moo-moo here …

Singt weitere Strophen mit den zusätzlich abgebildeten Tieren.

Five little ducks   III/19

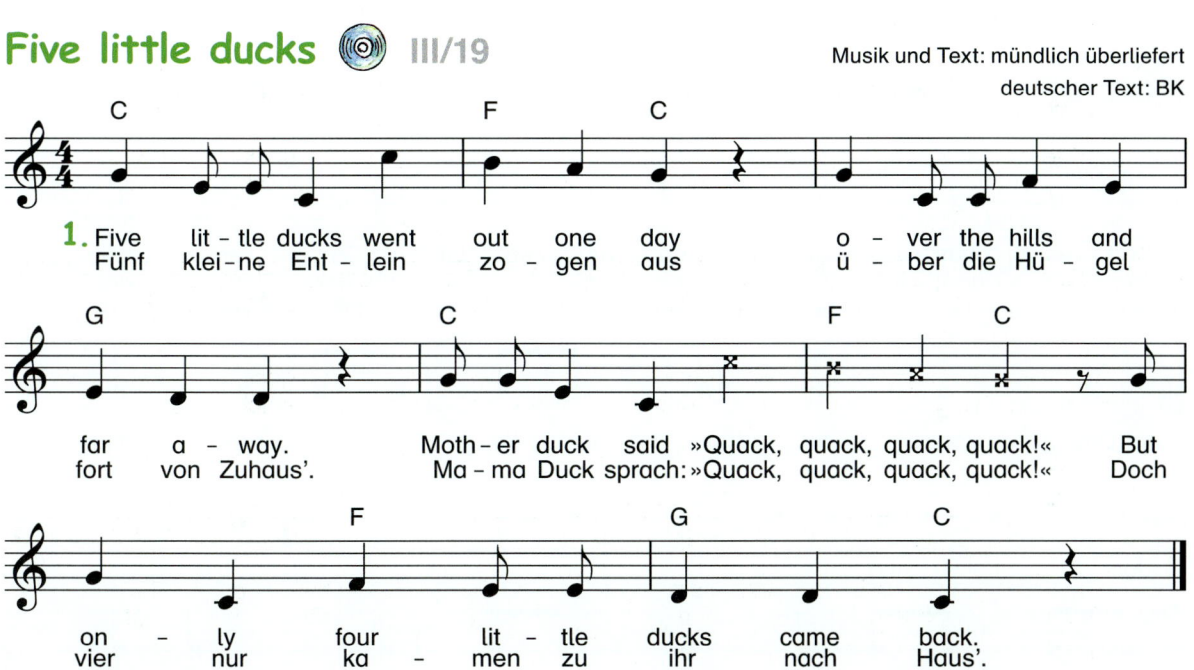

Musik und Text: mündlich überliefert
deutscher Text: BK

1. Five lit-tle ducks went out one day o-ver the hills and far a-way. Moth-er duck said »Quack, quack, quack, quack!« But on-ly four lit-tle ducks came back.
   Fünf klei-ne Ent-lein zo-gen aus ü-ber die Hü-gel fort von Zuhaus'. Ma-ma Duck sprach: »Quack, quack, quack, quack!« Doch vier nur ka-men zu ihr nach Haus'.

2. Four little ducks went out one day …
   But only three little ducks came back.

3. Three little ducks went out one day …
   But only two little ducks came back.

4. Two little ducks went out one day …
   But only one little duck came back.

5. One little duck went out one day …
   But none of the five little ducks came back.

6. Well, sad mother duck went out one day …
   And all of the five little duckies came back.

Spielt für jede kleine Ente ein Rhythmusinstrument.
Zur ersten Strophe spielen fünf Instrumente, zur zweiten spielen vier usw.

Das Rap-Huhn III/20–21

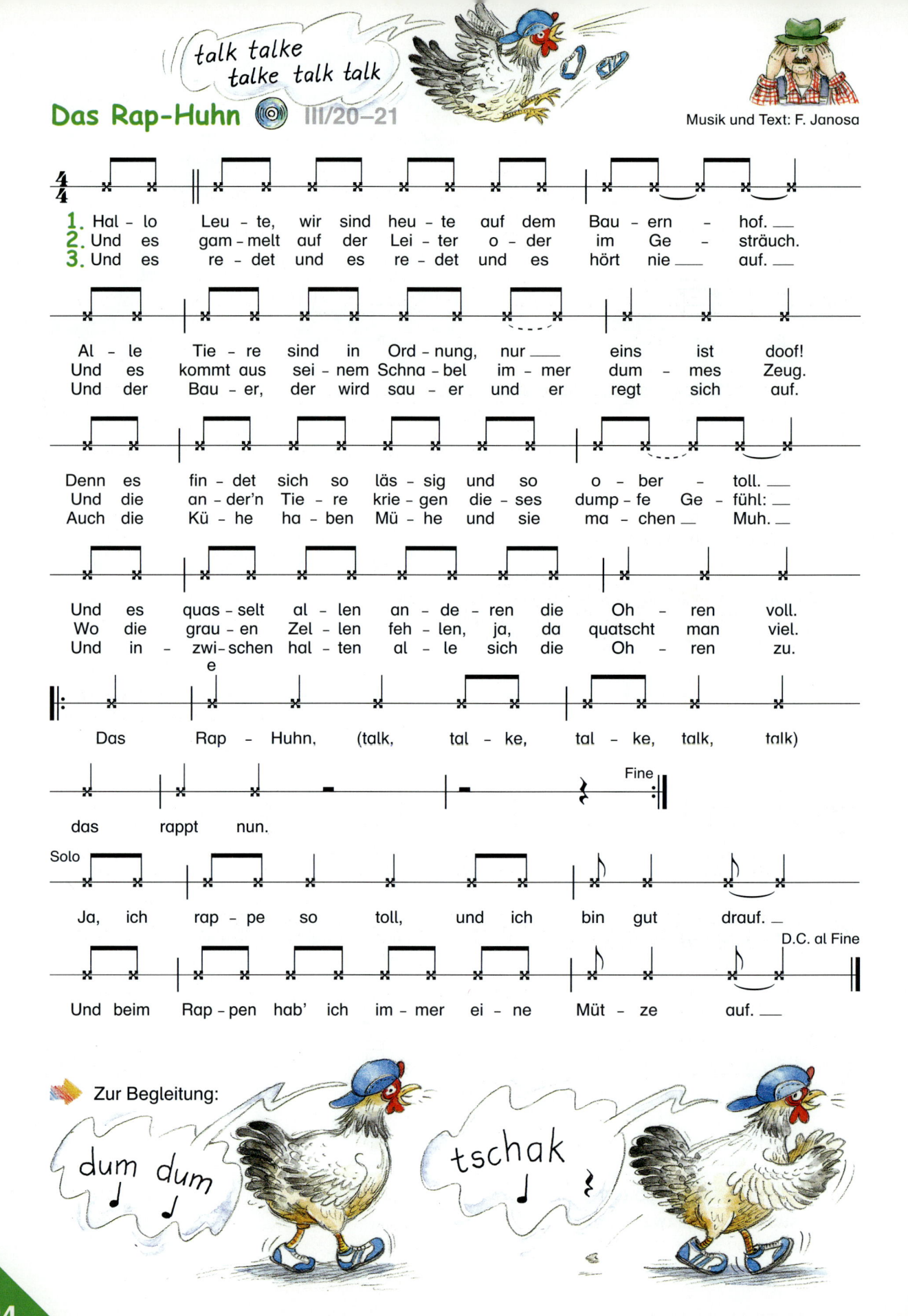

talk talke talke talk talk

Musik und Text: F. Janosa

4/4

1. Hal - lo Leu - te, wir sind heu - te auf dem Bau - ern - hof.
2. Und es gam - melt auf der Lei - ter o - der im Ge - sträuch.
3. Und es re - det und es re - det und es hört nie auf.

Al - le Tie - re sind in Ord - nung, nur eins ist doof!
Und es kommt aus sei - nem Schna - bel im - mer dum - mes Zeug.
Und der Bau - er, der wird sau - er und er regt sich auf.

Denn es fin - det sich so läs - sig und so o - ber - toll.
Und die an - der'n Tie - re krie - gen die - ses dump - fe Ge - fühl:
Auch die Kü - he ha - ben Mü - he und sie ma - chen Muh.

Und es quas - selt al - len an - de - ren die Oh - ren voll.
Wo die grau - en Zel - len feh - len, ja, da quatscht man viel.
Und in - zwi - schen hal - ten al - le sich die Oh - ren zu.

Das Rap - Huhn, (talk, tal - ke, tal - ke, talk, talk)
das rappt nun. **Fine**

Solo
Ja, ich rap - pe so toll, und ich bin gut drauf.

D.C. al Fine
Und beim Rap - pen hab' ich im - mer ei - ne Müt - ze auf.

Zur Begleitung:

dum dum

tschak

Le coq est mort – Der Hahn ist tot

Melodie und Text: mündlich überliefert aus Frankreich

III/22

Kanon

1. Le coq est mort, le coq est mort. Le coq est mort, le coq est mort
Il ne dira plus co co di, co co da, il ne dira plus co co di, co co da, il ne dira plus co co di, co da.

2. Der Hahn ist tot. (2x)
Er wird nicht mehr kräh'n co co di, co co da, (2x)
co co co co co co co co di co co da.

3. The cock is dead. (2x)
He will never crow co co di, co co da, (2x)
co co co co co co co co di co co da.

Miau, miau, hörst du mich schreien? – Miaou, miaou, la nuit dernière

Melodie und Text: mündlich überliefert aus Frankreich
deutscher Text: L. Holzmeister

III/23

Kanon

Mi-aou, mi-aou, la nuit der-niè-re, mi-aou, mi-aou, la nuit der-niè-re, j'en-ten-dais dans la gout-tiè-re, j'en-ten-dais dans la gout-tiè-re, le chat de no-tre por-tiè-re, le chat de no-tre por-tiè-re.

Mi-au, mi-au, hörst du mich schrei-en? Mi-au, mi-au, ich will dich frei-en. Folgst du mir aus den Ge-mä-chern, sin-gen wir hoch auf den Dä-chern. Mi-au, komm, ge-lieb-te Kat-ze, mi-au, reich mir dei-ne Tat-ze.

Bitte, gib mir doch ein Zuckerstückchen

Melodiefassung: H. Lemmermann
nach einer portugiesischen Melodie
Text: L. Holzmeister

1. Bit-te, gib mir doch ein Zu-cker-stück-chen für mein klei-nes Po-ny!
»Dan-ke«, wie-hert dann mein Po-ny-pferd-chen mit dem Na-men Jon-ny.
Weit übers Land wird mein Pferd-chen heu-te tra-ben.
Und dann soll's zum Loh-ne ein Zu-cker-stück-chen ha-ben. ha-ben.

2. Sattel mir mein Pony früh am Morgen,
   wenn es taut vom Himmel,
   wenn im Hof sich alle Pferde tummeln,
   Rappe, Fuchs und Schimmel.

3. Meinem Jonny noch ein Zuckerstückchen
   und dann geht's ins Weite.
   Und das Ponypferdchen wiehert,
   wenn ich singe, wenn ich reite.

Wir reiten geschwinde

Melodie und Text: mündlich überliefert

Kanon

1. Wir reiten geschwinde durch Feld und Wald, wir reiten berg-ab und berg-auf. Es geht über Stock und Stein, wir geben dem Rosse die Zü-gel.
2. und fällt wer vom Pferde, so fällt er gelinde und klettert behänd wieder auf. und reiten im Sonnenschein so schnell, als hätten wir Flü-gel.
3. Hei-ßa, hus-sa! über Stock und über Stein.
   Hei-ßa, hus-sa! und nun in'n Stall hi-nein!

Lauf, mein Pferdchen

Text und Melodie: mündlich überliefert aus Litauen
deutscher Text: BK

Lauf, mein Pferd-chen, lau-fe schnel-ler, hopp, im Ga-lopp, geht's rasch nach Haus.
Doch nur kurz ruh'n wir aus, mor-gen da rei-ten wir wie-der raus.

Auf einem Baum ein Kuckuck

Melodie und Text: mündlich überliefert aus dem Bergischen Land

1. Auf einem Baum ein Kuckuck, sim sa-la-dim bam-ba sa-la-du sa-la-dim,
auf einem Baum ein Kuckuck saß.

2. Da kam ein junger Jägers-,
sim saladim ...,
da kam ein junger Jägersmann.

3. Der schoss den armen Kuckuck,
sim saladim ...,
der schoss den armen Kuckuck tot.

4. Und als ein Jahr vergangen,
sim saladim ...,
und als ein Jahr vergangen war.

5. Da war der Kuckuck wieder,
sim saladim ...,
da war der Kuckuck wieder da.

»Sim saladim bamba saladu saladim« soll ein alter Zauberspruch sein. Ihr könnt euch selbst neue Silben für einen wirkungsvollen Zauberspruch ausdenken.

Der Kuckuck und der Esel

Melodie: K. F. Zelter
Text: A. H. Hoffmann v. Fallersleben

1. Der Kuckuck und der Esel, die hatten einen Streit:
wer wohl am besten sänge, wer wohl am besten sänge
zur schönen Maienzeit, zur schönen Maienzeit.

2. Der Kuckuck sprach: »Das kann ich«,
und fing gleich an zu schrei'n.
»Ich aber kann es besser«,
fiel gleich der Esel ein.

3. Das klang so schön und lieblich,
so schön von fern und nah.
Sie sangen alle beide
Kuckuck, Kuckuck, i-a.

Petit escargot – Kleine Schnecke III/24

Melodie und Text: H. Bohy/A. Chaumie
deutscher Text: BK

Vorspiel und Begleitung

Pe - tit es - car - got por - te sur son dos sa mai - son - net - te.
Aus - si - tôt qu'il pleut, il est tout heu - reux, il sort sa tê - te.
Lie - bes Schneckelein, trägst dein Häus - lein fein auf dei - nem Rü - cken.
Und will Re - gen rein, ziehst dein' Kopf schnell ein, lachst vor Ent - zü - cken.

Die kleinen Bienen

Melodie und Text: R. J. Gros
Text: W. Hering

Kanon

1. Ein Schwarm von klei - nen Bie - nen fliegt auf der Wie - se rum.
2. Sie lan - den auf den Blu - men ganz still und stumm.
3. Und ha - ben sie ge - nug ge - nascht, dann flie - gen sie im Kreis.
4. Summ, summ, summ ganz leis' im Kreis.

Ein Vogel wollte Hochzeit halten

Melodie und Text: mündlich überliefert

1. Ein Vogel wollte Hochzeit halten in dem grünen Walde. Fiderallala, fiderallala, fiderallalalala.

2. Die Drossel war der Bräutigam, die Amsel war die Braute.
3. Der Sperber, der Sperber, der war der Hochzeitswerber.
4. Der Stare, der Stare, der flocht der Braut die Haare.
5. Der Seidenschwanz, der Seidenschwanz, der bracht' der Braut den Hochzeitskranz.
6. Die Lerche, die Lerche, die führt' die Braut zur Kerche.
7. Der Auerhahn, der Auerhahn, der war der Küster und Kaplan.
8. Die Meise, die Meise, die sang das Kyrieleise.
9. Der Rabe, der Rabe, der bracht' die erste Gabe.
10. Der Wiedehopf, der Wiedehopf, der schenkt' der Braut 'nen Blumentopf.
11. Der Spatz, der kocht' das Hochzeitsmahl, verzehrt' die schönsten Bissen all.
12. Der Pinguin nicht spröde, der hielt die Hochzeitsrede.
13. Die Gänse und die Anten, das war'n die Musikanten.
14. Der Pfau mit seinem bunten Schwanz, der führt' die Braut zum Hochzeitstanz.
15. Der Marabu, der Marabu hielt sich dabei die Ohren zu.
16. Rotkehlchen klein, Rotkehlchen klein, das führt' die Braut ins Kämmerlein.
17. Der Uhu, der Uhu, der macht' die Fensterläden zu.
18. Brautmutter war die Eule, nahm Abschied mit Geheule.
19. Das Haselhuhn, das Haselhuhn, das sagte: »Wünsche wohl zu ruh'n!«
20. Der Hahn, der krähet: »Gute Nacht!«, da wird die Lampe ausgemacht.
21. Frau Kratzefuß, Frau Kratzefuß gibt allen einen Abschiedskuss.
22. Nun ist die Vogelhochzeit aus und alle zieh'n vergnügt nach Haus.

Spielt die Vogelhochzeit zum Lied.

Das Lied der bunten Vögel III/25

Melodie und Text:
mündlich überliefert aus Ghana
Bearbeitung: K. Anan

Der weiße Vogel flötet: 2x
Tsche tsche ku - le!

Der blaue Vogel singt: 2x
Tsche tsche ko - fin - sa.

Der rote Vogel ruft: 2x
Ko - fi sa lan - ga.

Der gelbe Vogel piepst: 2x
Ka - te tschi lan - ga.

Der grüne Vogel schnarrt: 2x
Kum a - den - de!

… Weil jeder der fünf Vögel nur eine Farbe hatte und nur ein sehr kurzes Lied singen konnte, hatten sie sich zusammen getan. … Jeden Mittag tanzten die fünf Vögel vor dem Haus des Bauern. Sie drehten sich lustig im Kreis und schlugen mit den Flügeln auf und ab. Ihre Füßchen trippelten auf dem Boden, hin und wieder sprangen sie in die Luft. Der weiße, der blaue, der rote, der gelbe und der grüne Vogel – alle tanzten sie im Kreis herum und sahen so herrlich bunt aus. Während sie tanzten, sangen sie ihr Lied. Da nun alle nacheinander ihre Strophe trällerten und gleichzeitig dazu tanzten, war es köstlich diesem Treiben zuzusehen und zuzuhören. … Der Bauer streute ihnen reichlich Futter hin. So hatten alle fünf Vögel jeden Tag zu essen und es ging ihnen sehr gut. …

(aus dem Bilderbuch: »Das Lied der bunten Vögel« von Kobna Anan und Omari Amonde)

Spielt, tanzt und singt die Szene in farbigen Kostümen.
Jeder Liedteil kann von einem anderen Melodieinstrument mitgespielt werden.

Zwei lange Schlangen

Melodie: W. Hering
Text: W. Hering/B. Meyerholz

III/26

1. Ei-ne klei-ne Schlan-ge wird früh am Mor-gen wach. Sie rä-kelt sich und streckt sich, sagt freund-lich: »Gu-ten Tag!«

Refrain
O - la - la - la, o - la - la - la, ksss, ksss, ksss.
O - la - la - la, o - la - la - la, ksss, ksss, ksss.

2. Eine andre Schlange
kommt zufällig vorbei.
Sie sieht die erste Schlange
und ruft ganz einfach: »Hei!«

3. Zwei lange Schlangen
die schau'n sich richtig an
und jede zeigt, wie schön
sie ihren Kopf bewegen kann.

4. Zwei lange Schlangen,
die schleichen querfeldein
und beide beschließen,
komm, lass uns Freunde sein.

5. Zwei lange Schlangen,
die schwimmen durch den Fluss,
und geben sich am andern Ufer
einen dicken Kuss.

6. Zwei lange Schlangen,
die schmusen auch ganz gern
und wenn sie so verschlungen sind,
dann darf man sie nicht stör'n.

7. Zwei lange Schlangen,
die haben auch mal Streit.
Sie beißen sich und kratzen sich,
solang' bis eine schreit.

8. Zwei lange Schlangen,
die schlängeln viel herum
und wenn sie müde sind, dann dreh'n
sie sich zum Schlafen um.

Gestaltet das Lied mit Händen und Armen.

Pitsch, patsch, Pinguin III/27

Melodie und Text: F. Vahle

1. Ein klei-ner Pin-gu-in steht ein-sam auf dem Eis.

Refrain
Pitsch, patsch, Pin-gu-in, jetzt läuft er schon im Kreis. Kreis.

2. Und der Nordwind weht übers weite Meer.
Pitsch, patsch, Pinguin, da friert er aber sehr.

3. Und er sucht sich einen andern Pinguin.
Pitsch, patsch, Pinguin, sie kitzeln sich am Kinn.

4. Zwei kleine Pinguine laufen übers Eis.
Pitsch, patsch, Pinguin, sie watscheln schon im Kreis.

5. Und der Nordwind weht übers weite Meer.
Pitsch, patsch, Pinguin, da frier'n sie aber sehr.

6. Und jeder sucht sich einen andern Pinguin.
Pitsch, patsch, Pinguin, sie kitzeln sich am Kinn.

7. Vier kleine Pinguine laufen übers Eis.
Pitsch, patsch, Pinguin, sie watscheln schon im Kreis.

8. Und der Nordwind weht übers weite Meer.
Pitsch, patsch, Pinguin, da frier'n sie aber sehr.

9. Horch, wer brummt denn da, das muss ein Eisbär sein.
Und sie ducken sich und machen sich ganz klein.

10. Und der Eisbär tappt schon heran – oh Schreck!
Pitsch, patsch, Pinguin, da watscheln alle weg.

Spielt das Lied nach! Ihr braucht es nicht bei vier Pinguinen zu belassen.
Wenn sich jeder der vier »Pinguine« einen neuen sucht, seid ihr schon zu acht!
So könnt ihr weitermachen, bis alle – außer dem »Eisbären« – im Kreis »watscheln«.
Der Eisbär hat einen weiten Weg zu den Pinguinen, denn er wohnt am Nordpol und
die Pinguine leben am Südpol!

Sieben kleine Bären

Melodie: H. Lemmermann
Text: J. Guggenmoos

Sie - ben klei - ne Bä - ren gin - gen, trip - pel - trap - pel, durch den - sie - ben klei - ne Bä - ren gin - gen, trip - pel - trap - pel, durch den Wald.

Sprechen: Und hielten sich brav bei den Vordertatzen. Da standen sieben kleine Katzen bei einer Pappel am Bach. Und sagten: »Ach! Wären wir drüben, miau!«
Singen: Sieben kleine Bären …
Sprechen: Da nahmen die sieben kleinen Bären die sieben kleinen Katzen auf ihren Rücken und sagten: »Wir sind stark, es wird uns schon glücken.« Die Katzen machten die Augen zu vor Ängsten. Und der kleinsten war es am bängsten.
Singen: Sieben kleine Bären …
Sprechen: Als sie am anderen Ufer waren, sagten die sieben Kätzlein artig das Sätzlein: »Wir danken schön!« »Es ist gern geschehn!«, erklärten die Bären und meinten auch: »Ja, wenn wir nicht wären!«
Singen: Sieben kleine Bären …

Der große und der kleine Bär

Melodie und Text: V. Rosin

1. Der gro-ße und der klei-ne Bär spa-zier'n im Wal-de hin und her. Der gro-ße Bär geht »tap, tap, tap« der klei-ne Bär geht »tap, tap, tap« so klingt das un-ge-fähr.

2. Sie kommen an ein kleines Haus,
das sieht schon sehr verfallen aus.

Der große Bär macht klopf, klopf, klopf,

der kleine Bär macht klopf, klopf, klopf,

wer kommt jetzt wohl heraus?

3. Heraus kommt eine alte Hex,
die Uhr zeigt g'rade auf halb sechs.

Der große Bär hat gro-ße Angst,

der kleine Bär hat klei-ne Angst,

sie rennen durch's Gewächs.

4. Und später dann im Mondenschein,
da schlafen beide friedlich ein.

Der große Bär schläft Chr, Chr, Chr,

der kleine Bär schläft Chr, Chr, Chr,

sie sägen alles klein.

Der Papagei ein Vogel ist

Melodie und Text: P. Ehlebracht

1. Der Papagei ein Vogel ist, rot, gelb und grün getupft. Er wohnt gern auf dem Gummibaum und wenn er dort so hupft, dann singt er: »Inki, dinki, pinki, use, duse, winki, aben, daben, dab, dab dei. aben, daben, saba du dei.

   Singi, bini, bini, eia, kato, mini,

2. In Afrika am großen Fluss,
   da wohnt ein Krokodil,
   das braucht zum Zähneputzen
   einen Schrubber mit 'nem Stiel
   und dann singt es:

3. Die Affen im Bananenhain,
   die lieben Obstsalat
   und die werfen mit der Kokosnuss,
   denn die ist rund und hart,
   und dann singen sie:

4. Das Nilpferd grüne Seife liebt,
   die es zum Baden nutzt.
   Es wohnt so gern am Uferrand
   und wenn es sich dort putzt,
   dann singt es:

5. Ein alter Elefant im Zoo,
   der kannte dies Lied nicht.
   Und weil er so alleine war,
   machte er sich ein Gedicht
   und das ging wie:

Zur Begleitung in ♩:

C – A – D – G :‖ C – G – C

Diesen Text dachten sich Kinder einer Mühlheimer Schule zum Lied aus:

Die Schlange hängt an einem Ast,
sie wartet auf ein Schwein.
Ein Ferkel hat sie schon verpasst.
das nächste muss es sein.
und dann singt sie:

Ringel, dingel, pingel,
zischi, dischi, nischi,
aben, daben, dab, dab, dei.
Schlängel, rängel, dängel
schmatzi, datzi, ratzi,
aben, daben, saba dud ei.

Erfindet weitere Strophen!

Zwei kleine Wölfe III/29

Melodie: mündlich überliefert
Text: Werner Rizzi

Kanon

1. Zwei klei - ne Wöl - fe gehn des Nachts im Dun - keln. Man
hört den ei - nen zu dem an - dern mun - keln: »Wa -

2. rum geh'n wir denn im - mer nur des Nachts he - rum? Man
tritt sich an den Wur - zeln ja die Pfo - ten krumm! Wenn's

3. nur schon hel - ler wär! Ja, wenn's schon hel - ler wär'! Wenn

nur der Wald mit Ster - nen - licht be - leuch - tet wär!« Ba du ba -

4. dum, ba - dum, ba - dum, ba du ba du ba.

Zwei	kleine	Wölfe	gehn	des Nachts im Dunkeln.
Man hört	den einen	zu dem andern munkeln:	»Warum	gehn wir denn immer	nur des Nachts herum?
 Man tritt sich an den Wurzeln	 ja die Pfoten krumm!	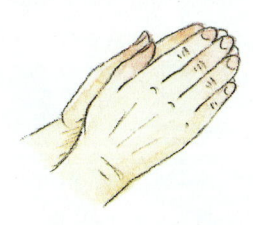 Wenn's nur schon heller wär! Ja, wenn's schon heller wär!	 Wenn nur der Wald mit Sternenlicht	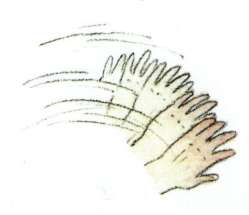 beleuchtet wär!«

So ein Wetter!

Regenlied

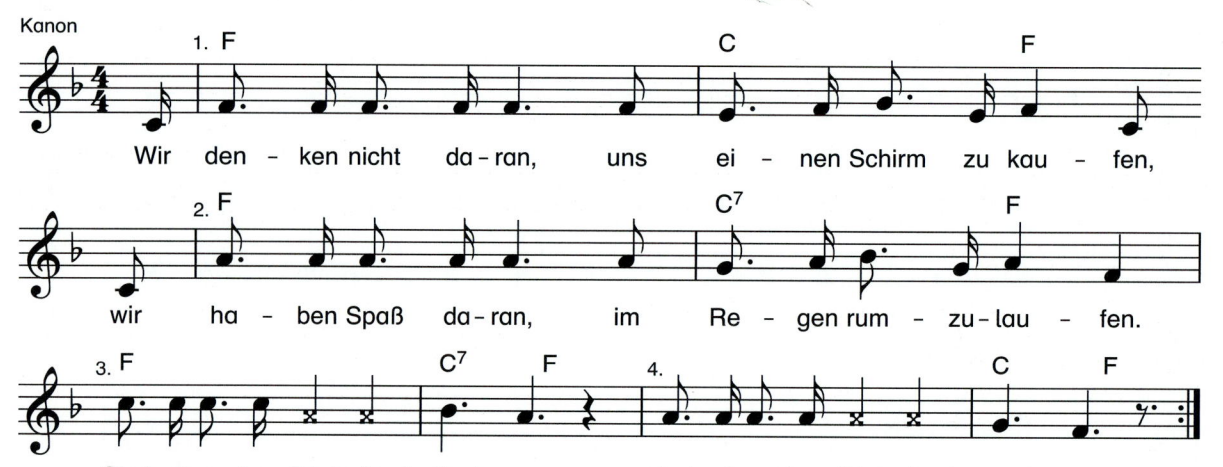

Melodie: U. Meyerholz
Text: B. Meyerholz

Kanon

1. Wir denken nicht daran, uns einen Schirm zu kaufen,
2. wir haben Spaß daran, im Regen rumzulaufen.
3. Sind wir eben (klatschen) pitsch-nass,
4. sind wir eben (klatschen) patsch-nass.

Baut euch ›Regentropfen-Joghurtbecher-Reis-Schüttelboxen‹.
Macht damit sowohl den Regen als auch das Patschen in der Pfütze nach.

Que llueva – Es soll regnen III/30–31

Melodie und Text:
mündlich überliefert aus Spanien
Satz: P. Lozano
deutscher Text: BK

Holzblock
Glockenspiel
Xylofon

Que llue - va, que llue - va, la Vir - gen de la cue - va; los pa - ja - ri - tos can - tan, las nu - bes se le - van - tan. Que
Soll reg - nen, soll reg - nen, so öff - ne doch das Tor! Lass die Vö - gel - chen schön sin - gen, die Wol - ken steigen em - por. Doch

(gesprochen)

si, que no, que cai - ga un cha - pa - rrón, con a - zú - car y tur - rón, que se rom - pan los cris - ta - les de la es - ta - ción y los mí - os no.
ja, doch nein, es soll ein Re - gen - schau - er fall'n, aus Zu - cker und ›tur - rón‹, dass die Bahn - hofs - fens - ter - schei - ben zer - bers - ten, knal - len und mei - ne nicht.

turrón = Nougat

Komm, stell dich mal mit mir in den Wind!

Melodie und Text: D. Kreusch-Jacob

1. Komm, stell dich mal mit mir in den Wind! Dann spielen wir, dann spielen wir, dass wir zwei starke Bäume sind.

2. Komm, lass dich einfach treiben im Wind!
   Dann spielen wir, dann spielen wir,
   dass wir zwei Segelschiffe sind.

3. Komm, lass die Haare zausen im Wind!
   Dann spielen wir, dann spielen wir,
   dass wir zwei Struwwelpeter sind.

4. Komm, lass die Arme fliegen im Wind!
   Dann spielen wir, dann spielen wir,
   dass wir zwei schnelle Vögel sind.

5. Komm, mach dich leicht und weich im Wind!
   Dann spielen wir, dann spielen wir,
   dass wir zwei weiße Wolken sind.

Wolkenspiel III/32–33

Melodie: T. Gehling
Text: K. Holthaus

1. Auf dem weiten Wolkenmeer treibt ein kleiner Bär.
   Gleich daneben, die weiße Katze,
   sie sieht zu und verliert ihre Tatze
   ganz langsam an die Maus im Haus.

   Refrain: Ja, die Wolken spielen immerzu auf der Himmelswiese ohne Ruh'.

2. Die Maus im Haus, die guckt nur zu,
   genießt die Himmelsruh.
   Gleich daneben der kleine Hase,
   er fällt um und verliert seine Nase
   ganz langsam an den Clown im Baum.

3. Der Clown im Baum bewegt sich kaum,
   hält sich sehr im Zaum.
   Und daneben der Löwe mit Mähne,
   senkt den Kopf und verliert seine Zähne
   ganz langsam an das Tier im Frack.

4. Watschelnd läuft das Tier im Frack,
   scheint ganz schön auf Zack.
   Dicht dahinter die weißen Bäume,
   sie steh'n still und verlier'n ihre Träume
   ganz langsam an das Kind im Bett.

Malt Wolkenbilder.

Natur erhalten – Frieden bewahren

Bin ganz Ohr III/34

Melodie und Text: D. Kreusch-Jacob

Refrain: Bin ganz Ohr und bin ganz still, weil ich die Stille hören will.
1. Hör das Murmeln in dem Bach, schau den Blätterschiffchen nach.

Zur Begleitung

2. Hör das Flüstern in den Zweigen,
   Mücken tanzen ihren Reigen.

3. Hör den Wind durch Gräser weh'n,
   kann die Wolken ziehen seh'n.

4. Trauerweide wäscht ihr Haar,
   erzählt dem See, wie's damals war.

5. Ins stille Wasser fällt ein Stein
   und zaubert Ring für Ring hinein.

Geht nach draußen an einen möglichst stillen Ort. Schreibt in neuen Strophen auf, was ihr hört.

Die Flüsse, sie fließen – The river is flowing

III/35

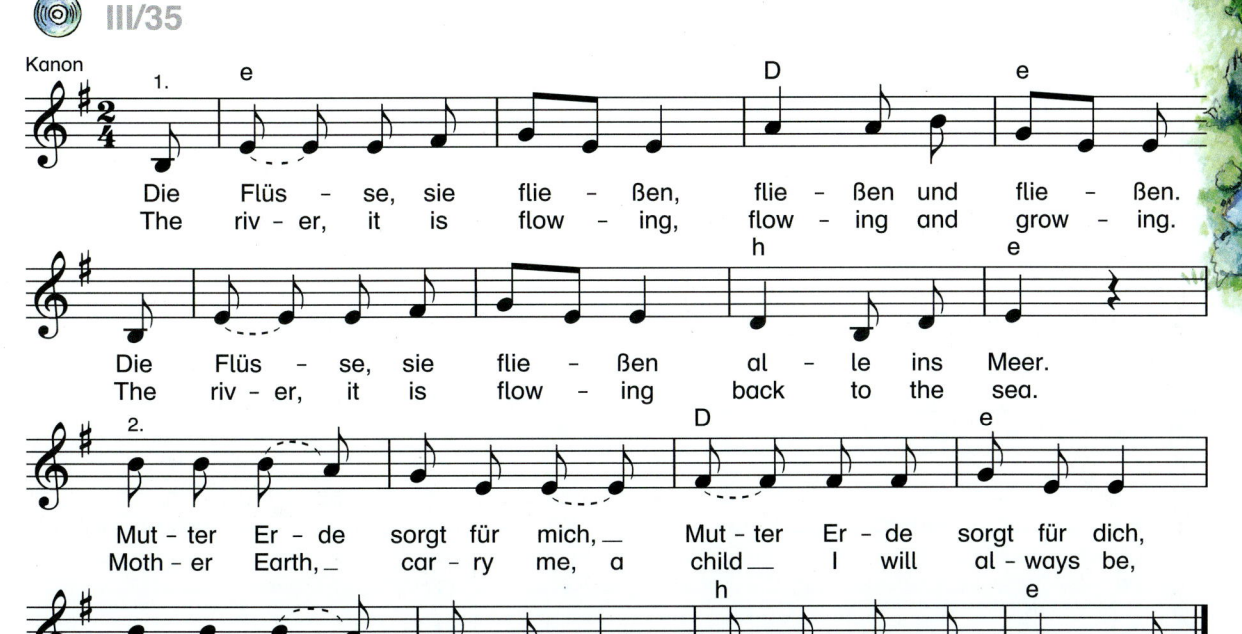

Melodie und Text: mündlich überliefert
von den Indianern Nordamerikas
deutscher Text: M. Kindel

Kanon

Die Flüs - se, sie flie - ßen, flie - ßen und flie - ßen.
The riv - er, it is flow - ing, flow - ing and grow - ing.
Die Flüs - se, sie flie - ßen al - le ins Meer.
The riv - er, it is flow - ing back to the sea.

Mut - ter Er - de sorgt für mich, Mut - ter Er - de sorgt für dich,
Moth - er Earth, car - ry me, a child I will al - ways be,
Mut - ter Er - de sorgt für uns, wir sind ih - re Kin - der.
Moth - er Earth, car - ry me back to the sea.

Findet heraus, auf welchem Weg ein großer Fluss in eurer Nähe ins Meer führt.

Zeit für Ruhe, Zeit für Stille

Melodie: L. Edelkötter
Text: G. Krombusch

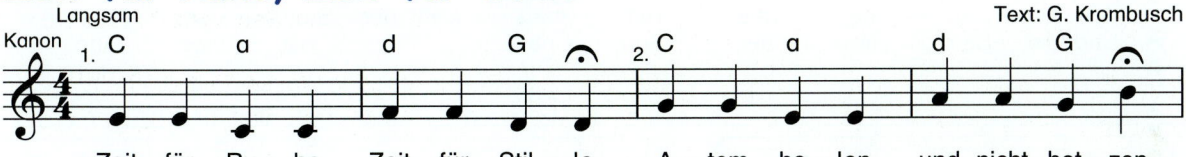

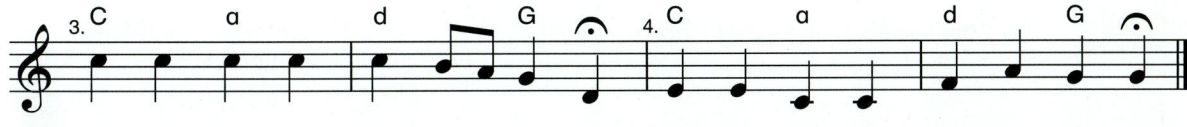

Langsam

Kanon

Zeit für Ru - he, Zeit für Stil - le, A - tem ho - len und nicht het - zen,
un - ser Schwei - gen nicht ver - let - zen. Lasst uns in die Stil - le hö - ren.

2. Viele Laute sind ganz leise,
   singen alle ihre Weise.
   Leise Laute sind so schön,
   dürfen nicht verloren gehen.

3. Zeit für Ruhe, Zeit für Stille,
   Atem holen und nicht hetzen,
   unser Schweigen nicht verletzen.
   Lasst uns in die Stille hören.

Glockenspiel

Metallofon

143

Hier steht die Zeit noch still

IV/1–2

Melodie: A. Kroell, T. Baker
Text: A. Kroell, T. Baker, N. Kerner, P. Palm

1. Wenn im Wald ein neuer Tag erwacht und die Vögel singen ihren Morgengruß. Wenn die frühe Sonne alle munter macht und du im Schatten der Bäume deine Ruhe suchst.

2. Wenn die Biene zu den Blumen fliegt, und dann summt sie dazu ihr lustiges Lied. Der kleine Frosch sucht seine Königin, er schaut sich überall um, er will sie wiederseh'n.

Wie ein König des Himmels zieht der Storch seine Bahn.
Und die Strahlen der Sonne halten ihn (3. dich) warm.

Hier steht die Zeit noch still, hier fühlt sich

al – les an – ders an,   un – end – lich und frei

1. C Fine   **2.** (Glockenspiel, Blockflöte, Summen) C   F   C

F   C   **1.** G   **2.** G   Dal 𝄋 2. Strophe al Fine

Ich hab' einen Freund, das ist ein Baum

Melodie: D. Kreusch-Jacob

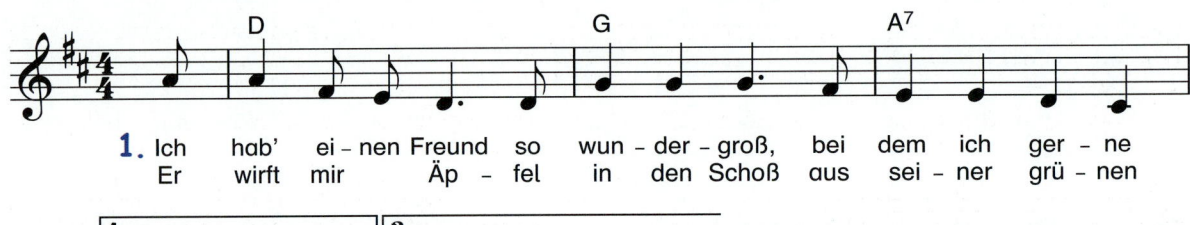

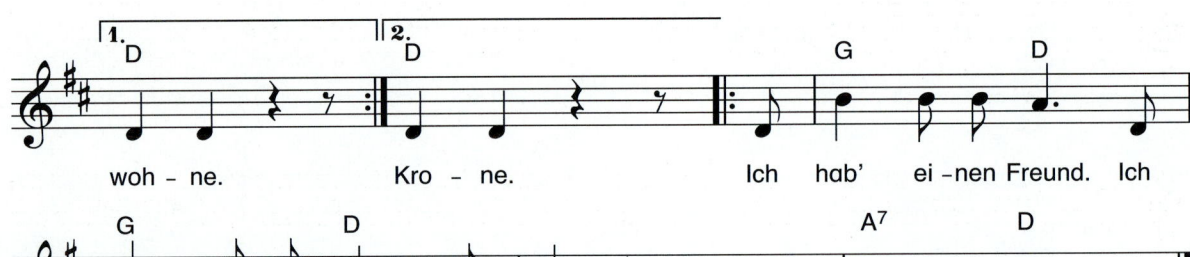

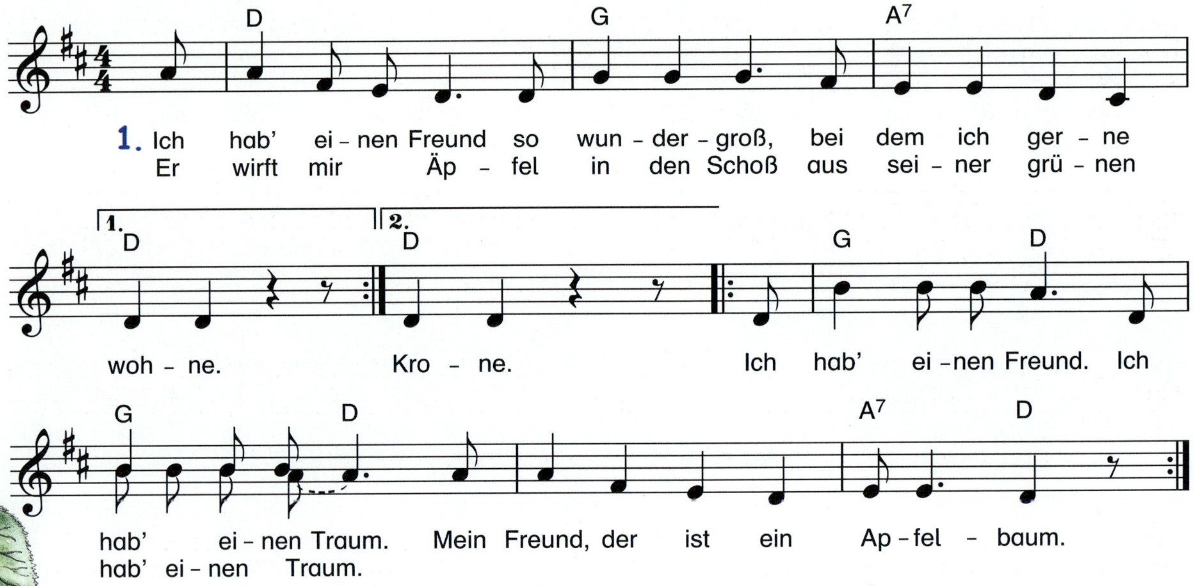

1. Ich hab' ei-nen Freund so wun-der-groß, bei dem ich ger-ne woh-ne.
   Er wirft mir Äp-fel in den Schoß aus sei-ner grü-nen Kro-ne.
   Ich hab' ei-nen Freund. Ich hab' ei-nen Traum. Mein Freund, der ist ein Ap-fel-baum.
   Ich hab' ei-nen Freund. Ich hab' ei-nen Traum.

2. Ich hab' einen Freund, der rauscht und schwingt;
   er reicht mir seine Zweige
   mit Blätterhänden – ob's gelingt,
   dass ich nach oben steige?

   Ich hab' einen Freund. Ich hab' einen Traum.
   Mein Freund ist ein Kastanienbaum.

3. Ich hab' einen Freund, so goldengrün,
   ich streichle seine Rinde;
   er wird im Sommer duften und blüh'n,
   mein Baum ist eine Linde.

   Ich hab' einen Freund. Ich hab' einen Traum.
   Mein Freund, das ist ein Lindenbaum.

4. Ich hab' einen Freund, der im Mantel steht
   aus grünen Nadelstreifen.
   Wenn Eiswind pfeift und Schnee verweht,
   kann er dem Wind was pfeifen!

   Ich hab' einen Freund. Ich hab' einen Traum.
   Mein Freund, das ist der Tannenbaum.

5. Ich hab' einen Freund, der Wurzeln streckt
   tief unter Gras und Moos,
   und sich bis in den Himmel reckt,
   mein Baum ist wundergroß.

   Ich hab' einen Freund. Ich hab' einen Traum.
   Mein Freund, mein Freund, das ist der Baum.

Wasser braucht der Wasserfloh

Melodie: R. Lakomy
Text: M. Erhardt

Wasser braucht der Wasserfloh und das Nilpferd ebenso,
Wasser braucht der Wasserhahn, dass sich jeder waschen kann,
und am Baum ein jedes Blatt wächst nur, wenn es Wasser hat.
Wasser braucht die ganze Welt, weil es sie am Leben hält.
Wasser, Wasser, klar und hell, Wasser, Wasser, Lebensquell,
viele tausend Wasser fließen fern und nah,
Wasser ist für alle, ist für alle da.

🎨 Wo überall wird Wasser gebraucht? Schreibt oder malt es auf.

Eins, zwei, drei, wer hat den Ball?

Melodie und Text: M. Ansohn

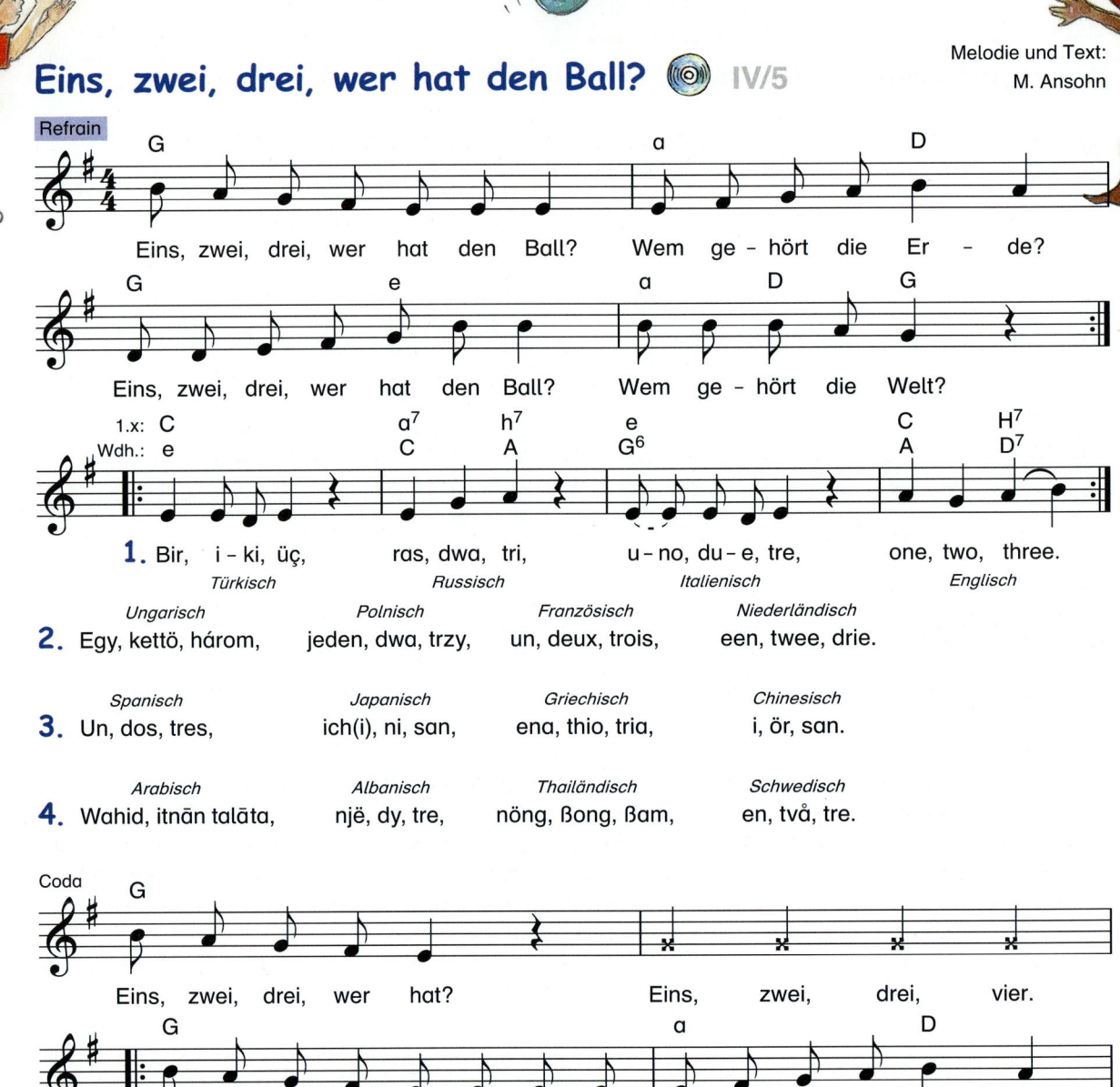

Refrain
Eins, zwei, drei, wer hat den Ball? Wem gehört die Erde?
Eins, zwei, drei, wer hat den Ball? Wem gehört die Welt?

1. *Türkisch* Bir, i-ki, üç, *Russisch* ras, dwa, tri, *Italienisch* u-no, du-e, tre, *Englisch* one, two, three.

2. *Ungarisch* Egy, kettö, három, *Polnisch* jeden, dwa, trzy, *Französisch* un, deux, trois, *Niederländisch* een, twee, drie.

3. *Spanisch* Un, dos, tres, *Japanisch* ich(i), ni, san, *Griechisch* ena, thio, tria, *Chinesisch* i, ör, san.

4. *Arabisch* Wahid, itnān talāta, *Albanisch* një, dy, tre, *Thailändisch* nöng, ßong, ßam, *Schwedisch* en, två, tre.

Coda
Eins, zwei, drei, wer hat? Eins, zwei, drei, vier.
Keiner, keiner hat den Ball. Für alle ist die Erde.
Keiner, keiner hat den Ball. Für alle ist die Welt.

Das Lied vom Anderssein

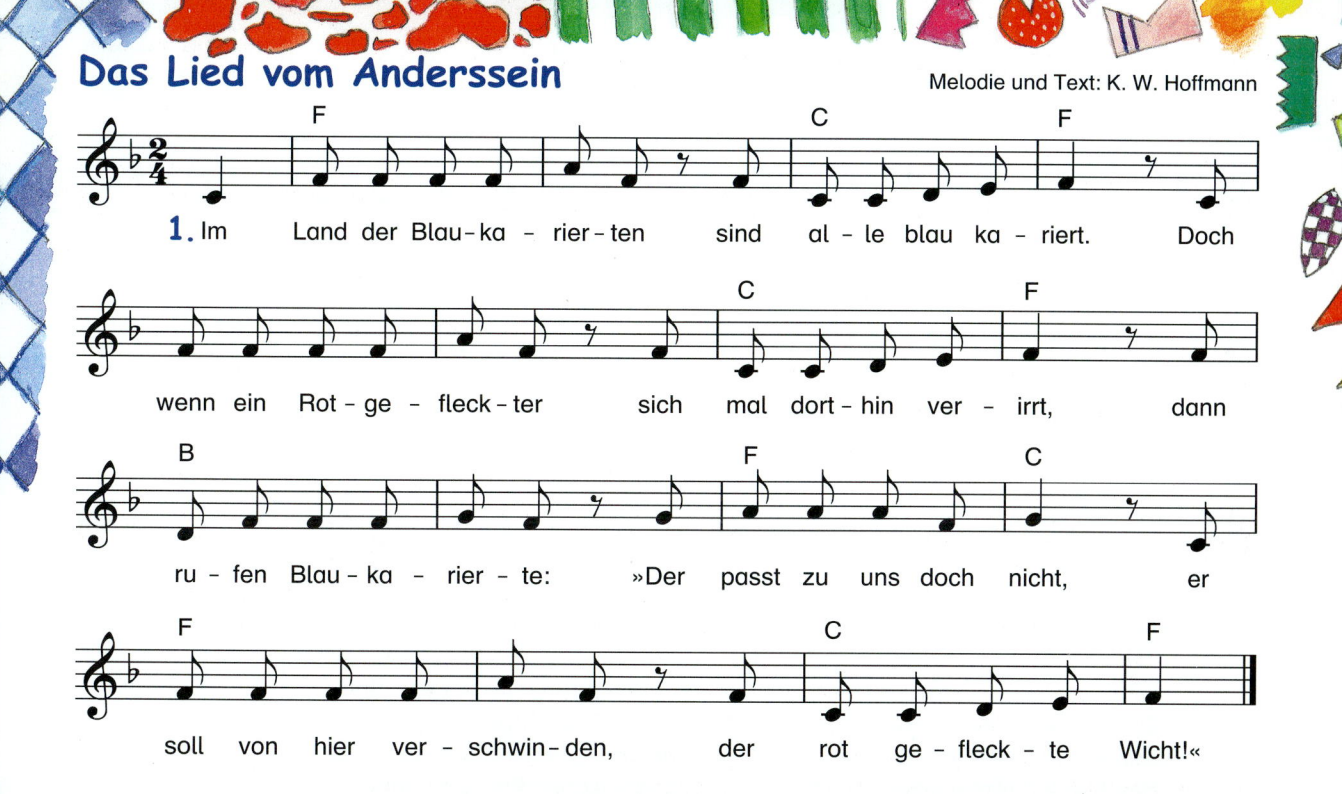

Melodie und Text: K. W. Hoffmann

1. Im Land der Blau-ka-rier-ten sind al-le blau ka-riert. Doch wenn ein Rot-ge-fleck-ter sich mal dort-hin ver-irrt, dann ru-fen Blau-ka-rier-te: »Der passt zu uns doch nicht, er soll von hier ver-schwin-den, der rot ge-fleck-te Wicht!«

2. Im Land der Rotgefleckten
sind alle rot gefleckt.
Doch wird ein Grüngestreifter
in diesem Land entdeckt,
dann rufen Rotgefleckte:
»Der passt zu uns doch nicht!
Er soll von hier verschwinden,
der grün gestreifte Wicht!«

3. Im Land der Grüngestreiften
sind alle grün gestreift.
Doch wenn ein Blaukarierter
so etwas nicht begreift,
dann rufen Grüngestreifte:
»Der passt zu uns doch nicht!
Er soll von hier verschwinden,
der blau karierte Wicht!«

4. Im Land der Buntgemischten
sind alle bunt gemischt.
Und wenn ein Gelbgetupfter
das bunte Land auffrischt,
dann rufen Buntgemischte:
»Willkommen hier im Land!
Hier kannst du mit uns leben,
wir reichen dir die Hand!«

Malt die Muster.
Bildet für jedes Land eine Klanggruppe und begleitet das Lied mit den entsprechenden Klängen.

Kranichlied

Melodie: G. Glöckner
Text: H. Glöckner-Neubert

1. In Japan steht ein Denkmal, das trägt in bunter Zier
viel-tausend Kranichvögel, gefaltet aus Papier;
viel-tausend Kranichvögel, gefaltet aus Papier.

2. Die schicken Japans Kinder
aus allen Orten her
den Kindern Hiroshimas,
die weckt kein Vogel mehr.

3. Und jedes Kind legt leise
in seinen Kranichkranz
noch seine größte Bitte:
Lasst uns're Erde ganz.

4. Fliegt hin, ihr Kranichvögel,
helft, dass in aller Welt
die Menschen Frieden haben
und dass er immer hält.

Am 6. August 1945 wurde zum ersten Mal die schrecklichste aller Waffen eingesetzt: die Atombombe. Sie traf die japanische Stadt Hiroshima. Mehr als 200 000 Menschen, darunter viele Kinder, waren sofort tot. Viele weitere starben bis heute an den Folgen der radioaktiven Verseuchung.
Zum Gedenken an diesen Tag findet jedes Jahr in Hiroshima ein Trauerfest statt.
In ganz Japan werden Kraniche aus Papier gefaltet und dorthin geschickt. Kraniche sind in Japan ein Symbol für das Glück. All diese Papierkraniche werden zu großen Trauben zusammengebunden und bei dem Trauerfest aufgehängt.

Shalom chaverim

Melodie und Text: mündlich überliefert

Kanon

Leb wohl, lie-ber Freund, leb wohl, lie-ber Freund, lass Frie-de sein!
Sha-lom cha-ve-rim, sha-lom cha-ve-rim, sha-lom, sha-lom!

Auf Wie-der-seh'n, auf Wie-der-seh'n, lass Frie-de sein!
Le hi-tra-ot, le hi-tra-ot, sha-lom, sha-lom!

»Shalom« ist ein israelischer Friedensgruß.

Unterwegs

Im Frühtau zu Berge

Melodie: mündlich überliefert aus Schweden
Text: W. Hensel

1. Im Früh-tau zu Ber-ge wir zieh'n, fal-le-ra,
es grü-nen die Wäl-der, die Höh'n, fal-le-ra!
Wir wan-dern oh-ne Sor-gen sin-gend in den Mor-gen
noch e-he im Ta-le die Häh-ne kräh'n.

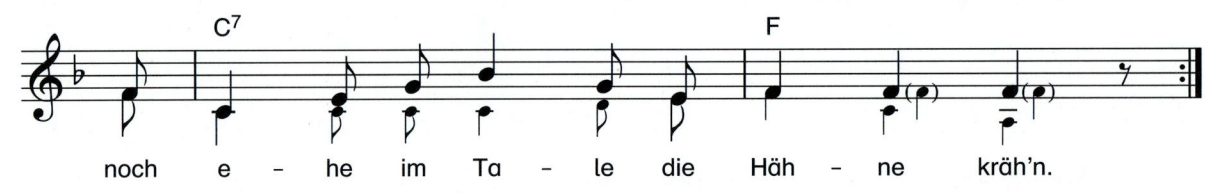

2. Werft ab alle Sorgen und Qual, fallera,
und wandert mit uns aus dem Tal, fallera!
Wir sind hinausgegangen den Sonnenschein zu fangen:
Kommt mit und versucht es auch selbst einmal!

Un kilomètre à pied IV/6

Melodie und Text: mündlich überliefert aus Frankreich

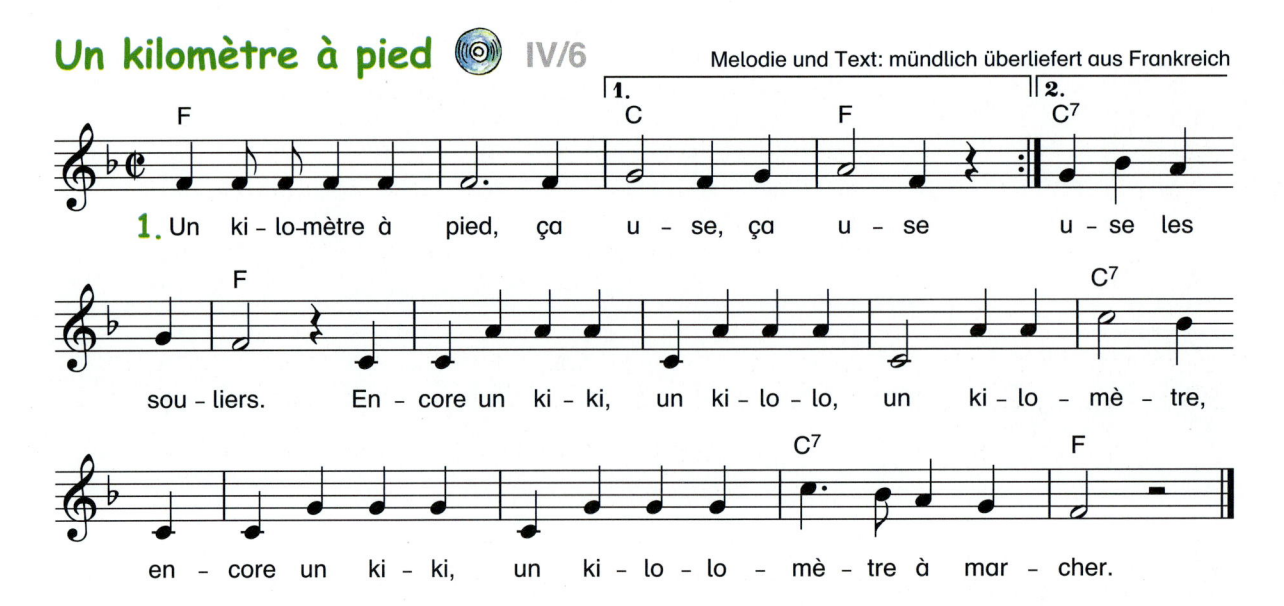

1. Un ki-lo-mètre à pied, ça u-se, ça u-se, u-se les sou-liers.
En-core un ki-ki, un ki-lo-lo, un ki-lo-mè-tre,
en-core un ki-ki, un ki-lo-lo-mè-tre à mar-cher.

2. Deux kilomètres …   3. Trois kilomètres …

Zur ersten Strophe geht ein Kind durch den Raum, zur zweiten gehen zwei usw.

Übersetzung: Ein (zwei, drei usw.) Kilometer zu Fuß, das nutzt die Schuhe ab. Noch einen Kilometer zu laufen.

An meinem Fahrrad ist alles dran IV/7

Melodie und Text: R. Zuckowski

Refrain

An mei-nem Fahr-rad ist al-les dran, da-mit so leicht nichts pas-sie-ren kann. Wenn ich mich auf mei-nen Sat-tel schwing', ist so ein Fahr-rad ein star-kes Ding. *Fine*

1. Ich hab' 'ne Klin-gel am Len-ker vorn. Und ne-ben-
   Ich hab' 'ne Lam-pe, die scheint vo-ran, und mit dem

D.C. al Fine

an ist mei-ne Hand-brem-se, und die bremst ganz e-norm.
ro-ten Rück-licht hin-ten sieht mich si-cher je-der-mann.

2. Mein Katzenauge, das strahlt zurück,
   auch an den Füßen, die Pedale leuchten auf beim ersten Blick.
   In meinen Speichen ist etwas drin:
   Vier Reflektoren blinken gelb, damit ich gut zu sehen bin.

3. Zwei große Strahler, die leuchten hell,
   nach vorne weiß, nach hinten rot, ja, die sieht wirklich jeder schnell.
   Und weil die Technik mir sonst nichts nützt,
   fahr' ich so sicher, wie ich kann, und bin mit einem Helm geschützt.

4. Der Po-li-zist, der die-ses Lied hört, denkt be-stimmt:»Da fehlt doch was«.

zum Refrain

Doch wenn ich mit dem Rück-tritt brem-se, bleib' ich steh'n und er wird blass.

Au Au Autos   IV/8

Musik und Text: W. Hering, B. Meyerholz

1. In der großen, weiten Stadt schleichen hin und wieder her, früh am Tag und spät zurück, all die Autos im Berufsverkehr.

   Quälen sich die Straßen lang, fahren los und halten an. Pusten dicke Luft heraus, dass man kaum noch atmen kann.

   Refrain
   Au-Au-Au-Au-Autos, viel zu viele Autos. Au-Au-Au-Au-Autos. Au-Au-Au-Au-wei!
   So viel Krach jeden Tag, nur Gestank aus dem Tank. Kreuz und quer immer mehr Verkehr.

   Fine — Da capo – 2. Strophe

2. Viele Leute sagen sich
   vor der Ampel, wenn sie steh'n:
   »Was soll dieser ganze Krach?
   So kann das nicht weitergeh'n!«
   Warum fahr'n nicht mehr im Bus?
   Mit dem Fahrrad – wär' doch schlau!
   Oder mit der Straßenbahn
   und es gäb' nicht so viel Stau – Au!

Auf de schwäb'sche Eisebahne

Melodie und Text: mündlich überliefert aus Schwaben

1. Auf de schwäb'sche Eisebahne gibt's gar viele Haltstatione:
Schtuegart, Ulm und Biberach, Mekkebeire, Durlesbach!
Rula, rula, rulala, rula, rula, rulala,
Schtuegart, Ulm und Biberach, Mekkebeire, Durlesbach!

2. Auf de schwäb'sche Eisebahne
wollt emal a Beurle fahre,
goht an Schaldr, lüpft de Huet:
»Oi Billettle, send so guet!«

3. Einen Bock hat er sich kaufet
und dass där ehm net v'rlaufet,
bendet ehn dr guete Mā
an de hendre Wage nā.

4. »Beckle, due nō woidle sprenge,
z' fresse will i dir schon brenge.«
Hockt no zue seim Weible nā,
zendt sei stengichs Pfleifle ā.

5. Wie dr Baur isch am Ziel
und sei Böckle hole will,
fendt'r bloß nō Kopf ond Soil
an dem hendre Wagedoil.

6. Ond dr Baur voller Zoere
nemmt de Kopf bei boide Hoere,
schmeißt en, was 'r schmeißa kā,
em Kondukdeer an Ranza nā.

7. »Worom bisch au so gschwend gfahre?
Du kāscht jetzt de Schade zahle!
Du alloi bisch schuld do drā,
dass i jetzt koin Bock mai hā!«

8. So, jetzt wär' des Liadle g'songe,
hot's eich räecht en d' Aohre klonge?
Stoßet mit de Glees'r ā
aufs Wohl dr schwäb'sche Eisebāh!

Ein Mann, der sich Kolumbus nannt'

Melodie: mündlich überliefert aus Hessen
Textfassung und Satz: WDL

1. Ein Mann, der sich Kolumbus nannt', wide-wide-witt bum bum!
War in der Schifffahrt wohlbekannt, wide-wide-witt bum bum!
Es drückten ihn die Sorgen schwer, er suchte neues Land im Meer.
Gloria Viktoria, wide-wide-witt, juchheirassa,
Gloria Viktoria, wide-wide-witt, bum bum!

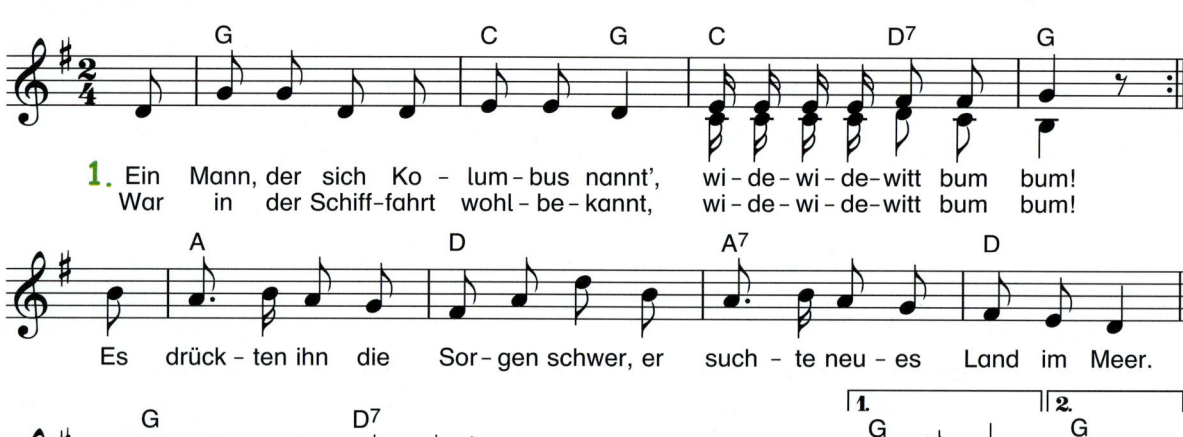

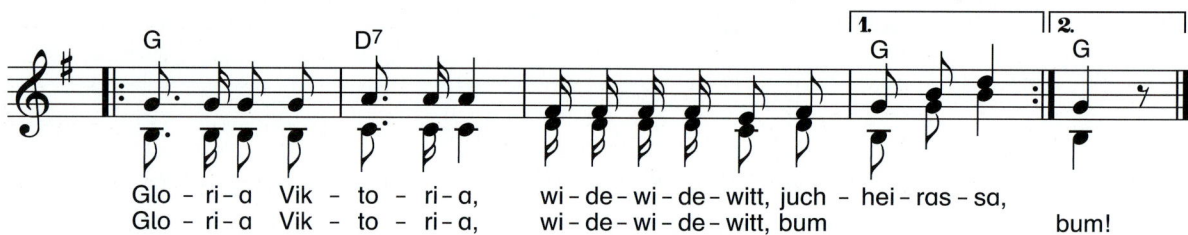

2. Als er den Morgenkaffee trank,
wide widewitt bum bum!
Da rief er fröhlich: »Gott sei Dank!«
Wide widewitt bum bum!
Denn schnell kam mit der Eisenbahn
der span'sche König bei ihm an.

3. »Kolumbus«, sprach er, »lieber Mann«,
wide widewitt bum bum!
»Du hast schon manche Tat getan!«
Wide widewitt bum bum!
»Eins fehlt noch unsrer Gloria:
Entdecke mir Amerika!«

4. Gesagt, getan, ein Mann, ein Wort,
wide widewitt bum bum!
Am selben Tag fuhr er noch fort.
Wide widewitt bum bum!
Und eines Morgens schrie er »Land!
Wie deucht mir alles so bekannt.«

5. Das Volk am Land stand stumm und zag,
wide widewitt bum bum!
Da sagt Kolumbus: »Guten Tag!«
Wide widewitt bum bum!
»Ist hier vielleicht Amerika?«
Da schrien die Indianer: »Ja!«

6. Die Indianer war'n erschreckt,
wide widewitt bum bum!
Und schrien all': »Wir sind entdeckt!«
Wide widewitt bum bum!
Der Häuptling rief ihn: »Lieber Mann,
alsdann bist du Kolumbus dann!«

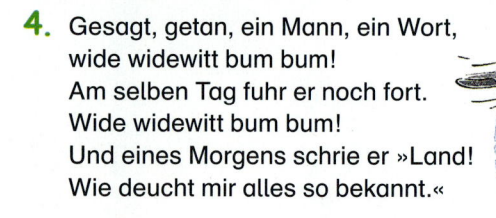

Kolumbus war ein Seefahrer, der aus Versehen Amerika entdeckte,
denn eigentlich wollte er nach Indien segeln.
Man kann ganz sicher sein, dass sich die Entdeckung Amerikas
nicht so abgespielt hat, wie sie in diesem Lied beschrieben wird.

In Paule Puhmanns Paddelboot

Melodie und Text: F. Vahle

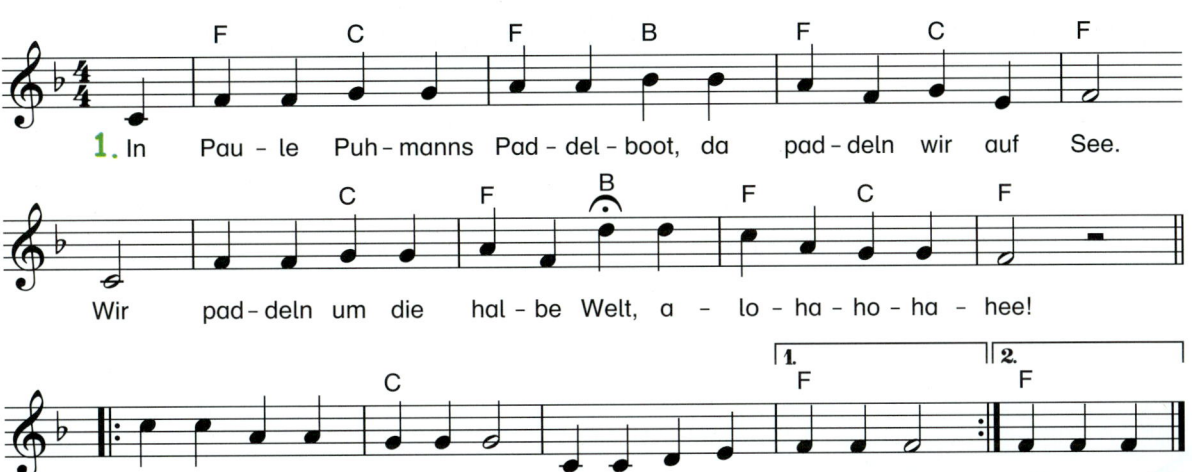

1. In Paule Puhmanns Paddelboot, da paddeln wir auf See.
Wir paddeln um die halbe Welt, a-lo-ha-ho-ha-hee!
Guten Tag, auf Wiederseh'n. Guten Tag, auf Wiederseh'n. Wiederseh'n!

2. In Portugal, da winkte uns
die Anabela zu.
Die fragte: »Darf ich mit euch mit?«
»Na klar, was denkst denn du!«
Bom Dia, Adeus!
Guten Tag, auf Wiederseh'n!

3. In Spanien war es furchtbar heiß,
da stieg der Pedro zu.
Der brachte Apfelsinen mit,
die aßen wir im Nu.
Buenas dias, hasta la vista!
Guten Tag, auf Wiederseh'n!

4. Und in Italien war'n wir auch,
da kam die Marinella.
Die brachte Tintenfische mit
auf einem großen Teller.
Buon giorno, Arrivederci!
Guten Tag, auf Wiederseh'n!

5. Und rund um den Olivenbaum,
da tanzten wir im Sand.
Wir nahmen den Wasili mit,
das war in Griechenland.
Kalimera, jassu, jassu!
Guten Tag, auf Wiederseh'n!

6. Dann fuhr'n wir weiter übers Meer,
bis hin in die Türkei.
Von da an war'n auch Ahmet und
die Ayse mit dabei.
Merhaba, güle, güle!
Guten Tag, auf Wiederseh'n!

7. Und als wir dann nach Hamburg kamen,
stand Paule Puhmann da
und rief: »Verflixt und zugenäht!
Mein Paddelboot ist da!«
Guten Tag, auf Wiederseh'n!
Bom dia, Adeus!
Buenas dias, hasta la vista!
Buon giorno, Arrivederci!
Kalimera, jassu, jassu!
Merhaba, güle, güle!
Guten Tag, auf Wiederseh'n!

Europa

Der Europa-Song IV/9–10

Melodie und Text: T. Lotz

1. Spa-nien, Frank-reich, Eng-land, Schwe-den, Hol-land, Lu-xem-burg.
2. Nor-we-gen, Mo-na-co, Est-land, Schott-land, Ös-ter-reich. Al-

Russ-land, Po-len, Un-garn, Bel-gien, Mal-ta, Dä-ne-mark. I-
ba-nien, Finn-land, U-kra-i-ne, Zy-pern, Por-tu-gal.

ta-lien, Schweiz, Ru-mä-nien, Deutsch-land, Ir-land, Slo-wa-kei.
Bos-ni-en, Kro-a-tien, San Ma-ri-no, die Tür-kei, An-

Is-land, Ma-ze-do-nien, Lett-land, Tsche-chien, Grie-chen-land.
dor-ra auch und Liech-ten-stein, und der Va-ti-kan.

Vom Nord-kap bis Gi-bral-tar und von Is-land zum U-ral, — vier-zig
Län-der, sech-zig Spra-chen, Völ-ker-grup-pen oh-ne Zahl. — Das zu-
sam-men ist Eu-ro-pa, un-ser al-ter Kon-ti-nent, — wo man
jetzt nach lan-gen Zei-ten neu-e Um-gangs-for-men kennt. Län-der
rü-cken nah zu-sam-men, Gren-zen wer-den ab-ge-baut. — Nach-barn
freu'n sich auf-ei-nan-der und das Eis ist auf-ge-taut ... und als
neu-es-te Be-sche-rung gibt's für al-le ei-ne Wäh-rung!

🏳️ Diese Länder haben am 1. Januar 2002 den Euro eingeführt: Belgien, Deutschland, Finnland, Frankreich, Griechenland, Holland, Irland, Italien, Luxemburg, Österreich, Portugal und Spanien.
Auf den folgenden Seiten findet ihr moderne Kinderlieder aus einigen Ländern, die im »Europa-Song« genannt werden.

Se busca una estrella – Heute suchen wir ein Starlet

Musik und Text: E. Rodrigo
deutscher Text: A. Scheytt

Spanien

(Vorspiel wie Takte 17–21)

1. Hoy bus-ca-mos una es-trel-la, to-dos tie-nen la o-ca-sión, mu-cha mu-si-ca y son-ri-sa y un mar-cha-so co-ra-zon.
2. Hoy bus-ca-mos una es-trel-la, por un mun-do de i-lu-sión, que i-lu-mine los ca-mi-nas don-de vay-a mi can-ción.
1. Heu-te su-chen wir ein Star-let. heut' steht je-dem das Glück of-fen, mit Mu-sik und et-was Hof-fen, ei-nem Lä-cheln hübsch und nett.
2. Heu-te su-chen wir ein Star-let, für die Hoff-nung die-ser Er-de, dass der Weg ganz hell uns wer-de, wo sein Lied für uns er-klingt.

Hoy bus-ca-mos una es-trel-la una es-trel-la en la can-ción, hoy bus-ca-mos una es-trel-la que la mu-si-ca es a-mor. O hei-ej!
Heu-te su-chen wir ein Star-let, das für uns so tanzt und singt – heu-te su-chen wir ein Star-let – dass Mu-sik wie Lie-be klingt. O hej, ej!

Da Capo

O – hei – hej! Hoy bus-ca-mos una es-trel-la.
O – hei – hej! Heu-te su-chen wir ein Star-let.

Schluss

Hei – ej! Oh – oh!
Hei – ej! Oh – oh!

Die Sängerin Teresa Raval ist bei den spanischen Kindern sehr bekannt. Wenn die Kinder das Lied hören, singen sie dazu mit und tanzen, wie sie gerade wollen. Alle tanzen beim Singen!

Chanson pour mon chien – Lied für meinen Hund

IV/12–13

Melodie und Text: H. Dès
deutscher Text: A. Scheytt

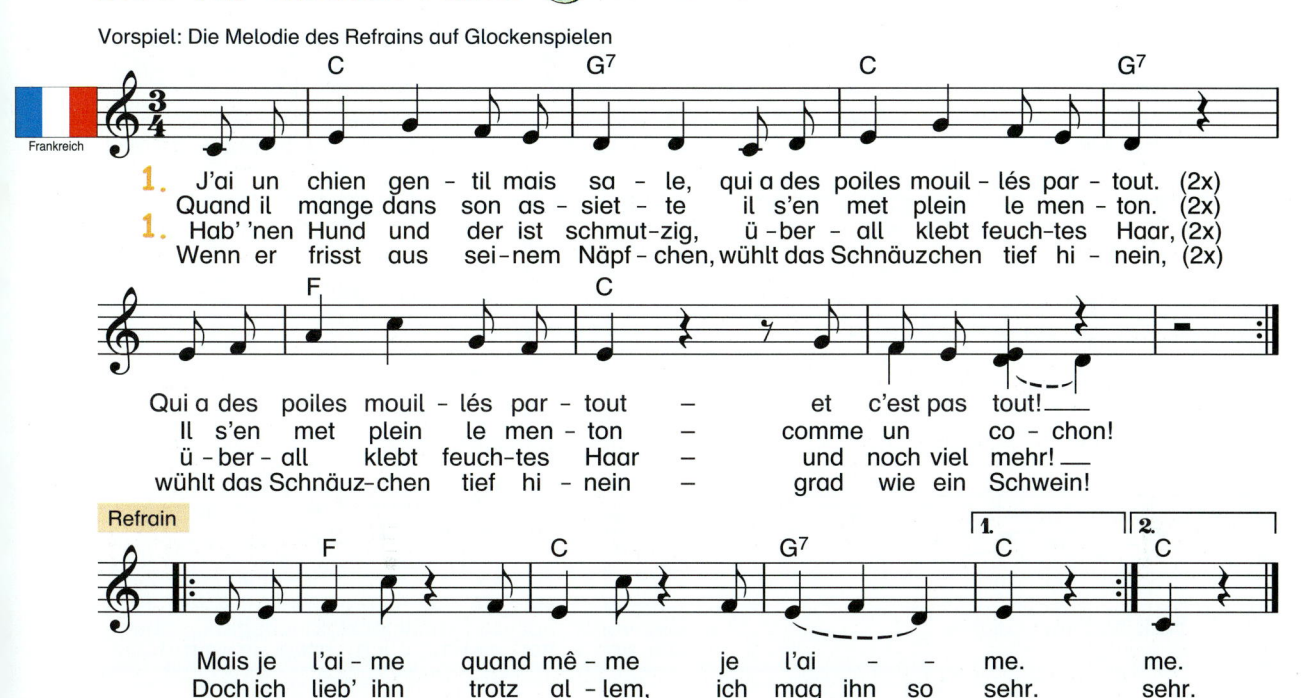

Frankreich

Vorspiel: Die Melodie des Refrains auf Glockenspielen

1. J'ai un chien gen-til mais sa-le, qui a des poiles mouil-lés par-tout. (2x)
   Quand il mange dans son as-siet-te il s'en met plein le men-ton. (2x)
1. Hab' 'nen Hund und der ist schmut-zig, ü-ber-all klebt feuch-tes Haar, (2x)
   Wenn er frisst aus sei-nem Näpf-chen, wühlt das Schnäuzchen tief hi-nein, (2x)

Qui a des poiles mouil-lés par-tout – et c'est pas tout!
Il s'en met plein le men-ton – comme un co-chon!
ü-ber-all klebt feuch-tes Haar – und noch viel mehr!
wühlt das Schnäuz-chen tief hi-nein – grad wie ein Schwein!

Refrain

Mais je l'ai-me quand mê-me je l'ai-me. me.
Doch ich lieb' ihn trotz al-lem, ich mag ihn so sehr. sehr.

2. Quand je le promène au lac
   il patauge dans la boue. (2x)
   Il patauge dans la boue –
   et c'est pas tout!
   Il va me renifler des crottes
   et ça ne sent pas très bon. (2x)
   Et ça ne sent pas très bon –
   comme un cochon!

2. Wenn wir promenier'n am Seestrand,
   wühlt im Schlamm er hin und her, (2x)
   wühlt im Schlamm er hin und her –
   und noch viel mehr!
   Hinterlässt dort seine Haufen
   und das riecht dann gar nicht fein, (2x)
   und das riecht dann gar nicht fein –
   wie bei 'nem Schwein!

3. Quand il balance sa gamelle
   ça dégouline partout. (2x)
   Ça dégouline partout –
   et c'est pas tout!
   Il en met plein la moquette
   de la cuisine au salon. (2x)
   De la cuisine au salon –
   comme un cochon!

3. Wenn er seinen Napf umher schlägt,
   dann spritzt alles hin und her, (2x)
   dann spritzt alles hin und her –
   und noch viel mehr!
   Eine Schmutzspur hat der Teppich
   bis ins Wohnzimmer hinein, (2x)
   bis ins Wohnzimmer hinein –
   was für ein Schwein!

4. Quand il vient me faire la tête
   il me lèche dans le cou. (2x)
   Il me lèche dans le cou –
   et c'est pas tout!
   Il bave sur ma chemise
   et puis sur mon pantalon. (2x)
   Et puis sur mon pantalon –
   comme un cochon!

4. Will er mir auch manchmal schmollen,
   leckt am Hals mich hin und her, (2x)
   leckt am Hals mich hin und her –
   und noch viel mehr!
   Sabbert voll mein frisches T-Shirt,
   auch die Hose, neu und rein, (2x)
   auch die Hose, neu und rein!
   So wie ein Schwein!

Henri Dès schreibt sehr viele Lieder für die Kinder in Frankreich.

Zakazany owoc – Verbotene Frucht IV/14–15

Melodie: K. Debski
Text: J. Cygan
deutscher Text: BK/A. Scheytt

Polen

1. Mó-wią mi tak: Na to je-szcze masz czas! Nie dla cie-bie ten film,
dzie-ci mu-sza iść spać. Mó-wią mi tak: Ja w Twym
wie-ku… To fakt. I za-my-ka się świat do-zwo-
lo-ny od lat…

1. Ich will das nicht! Al-le sa-gen: »Du bist für den Film noch zu klein.
Geh' ins Bett und schlaf ein!« Ich will das nicht, denn sie
sa-gen: »Auch ich war mal klein. Nun schließt sich uns're
Welt halt für dich.«

Za-ka-za-ny o-woc du-mnie krą-ży mi nad glo-wą za-ka-za-ny o-woc, ma-rzeń cie-mnych ta-bu.
Za-ka-za-ny o-woc, zno-wu szan-sa prze-szła o-bok,
Die ver-bot'-ne Frucht lockt lä-chelnd ü-ber mei-nem Kop-fe, die ver-bot'-ne Frucht lockt mich in mei-nen Träu-men.
Die ver-bot'-ne Frucht, ich kann sie ein-fach nicht er-ha-schen,

choć już czu-lem ten smak, o.
ist zum Grei-fen so nah, ah!

2. Czemu tak jest,
Że nie wolno mi chcieć
Rzeczy super, »na pięć«,
Tych, na które mam chęć?

Za to co dnia
Muszę zmagać się sam
Z górą nudy, gdzie smak
Dawno wywial już wiatr.

2. Ich will das nicht:
nur verzichten, sonst nichts!
Supersachen, 1a,
nicht für mich sind sie da.

Ich will das nicht:
Langeweile für mich.
Alles schmeckt mir so fad',
ach, wie traurig, wie schad'!

Refrain 2
Die verbot'ne Frucht,
sie lächelt über meinem Kopfe,
und so lang sie lockt,
lebt die Versuchung weiter.

Refrain 2
Zakazany owoc
Śmieje się nad moją glową.
Póki żyje sobie,
Żyje słodkie tabu.

Zakazany owoc,
Dobre, że go masz nad głowa
Zerwiesz go,
Posmutnieje świat.

Die verbot'ne Frucht,
wenn du sie pflückst,
dann sterben Träume.
Lass das bloß nicht gescheh'n.

Kuzum – Lämmchen IV/16

Melodie: K. Eroğlu
Text: Y. Ziya Ortaç
deutscher Text: BK

Türkei

1. Bir kur - zu al - dım bul - - - yaz tüy - le - ri kal - dan bey - az.
1. Kauf mir im Som - mer ein Lämm - chen klein, weiß wie Schnee, sein Fell so fein.

Refrain
Göz - le - ri ka - ra ka - ra, Göz - le - ri ka - ra mas - ka - ra - mı mas - ka - ra.
Schwarz sei - ne Au - gen, Au - gen, Au - gen so schwarz, liebt den Un - sinn, liebt den Spaß.

(instr.)

An - ne - ci - ği - ni so - rar (mäh) Yü - re - ce - ği - ni yo - rar.
Hört nicht auf zu fra - gen nach der Mut - ter Kla - gen.

De - rin - gel ku - zu - cu - ğum, be - nim mi - ni - cik ço - cu - ğum.
Komm zu mir, mein Lämm - chen fein, mein klei - nes Kin - de - lein.

2. Gönlündeki derdi at, senin annen tabiat.
3. Bu çiçeklar çimenden, hepsi de seni bekler.

2. Sei nicht traurig, sei nicht stur,
   deine Mutter, das ist die Natur.
3. Diese Blumen in dem Gras
   sind nur für dich, für dich, mein Schatz.

Kemal Eroğlu schreibt viele Lieder für die Kinder in der Türkei.

... eller også er det lyv! – oder etwa nicht

Melodie und Text: F. Jørgensen
deutscher Text: BK / A. Scheytt

Dänemark

1. Højt mod nord Te-o-dor sid-der glad ved det kol-de bord,
   spi-ser let som en mis fjor-ten bjer-ge af is. Der er
   fi-re ver-dens-hjør-ner, el-ler og-så er der syv... Det er
   sandt, hvad jeg for tæl-ler, el-ler og-så er det lyv!

1. The-o-dor, läs-sig leicht, sitzt am Tisch mit 'nem Berg voll Eis.
   Vier-zehn Stück er ver-speist hoch im Nor-den, wer weiß? Ja, die
   Welt, die hat vier E-cken, o-der stimmt es et-wa nicht? Es ist
   wahr, was ich er-zäh-le, führ' euch nie-mals hin-ters Licht! Ja, die

Refrain

Der er / Ja, die

2. Når i øst folk får lyst
   til at synge, när det er høst,
   er det svært, for de må
   først ta' skøjterne på!

3. Og i vest, gär en hest,
   som er bange for regn og blæst;
   køber, når den ser sky'r,
   fire blå paraply'r.

4. Langt mod syd med sit spyd
   Tanga – stille og ud'n en lyd –
   dræber en ternet haj
   og en leverpostej.

2. Kommt der Herbst, alle Leut
   müssen Schlittschuhe tragen heut'!
   Jeder singt, alles schwingt,
   fern im Osten – das klingt!

3. Armes Pferd ist ganz blass:
   Angst vorm Sturm und vom Regen nass.
   Regenschirm hätt' es gern.
   Weit im Westen – so fern!

4. Leberwurst, groß und schwer
   tötet Tanga mit seinem Speer,
   karierter Hai auch dabei.
   Tief im Süden – au wei!

Zur Begleitung
G + e   D7 + a

Die Kinder in Dänemark kennen und mögen die Lieder von Finn Jørgensen.

Papa moschet – Papalied   IV/19

Melodie: W. Schainskij
Text: M. Tanitsch
deutscher Text: A. Scheytt

Russland

1. Skol - ko pe - ssen mi swa - mi wmes - te spe - li
1. Oft schon ha - ben wir lie - be Lie - der für die

ma - me swo - ej rod - noj. A pro pa - pu do e - toj
Ma - ma ge - sun - gen, doch noch keins für den gu - ten

pess - ni pess - ni ne bi - lo ni od - noj.
Pa - pa. Keins ist für ihn er - klun - gen!

Refrain

Pa - pa mo - schet, pa - pa mo - schet wssö tschto u - god - no. Pla - wat bras - som,
Pa - pa, der kann al - les ma - chen, Holz ha - cken, schwim - men, und noch and' - re

spo - kit ba - ssom, dro - wa ru - bit … Pa - pa mo - schet, pa - pa mo - schet
tol - le Sa - chen, Bäu - me er - klim - men. Pa - pa, der kann al - les ma - chen

bit kom u - god - no! Tol - ku ma - moj, tol - ko ma - moj ne mo - schet
und re - pa - rie - ren. Ei - nes wird er doch nie schaf - fen, nein, nein, nein,

bit. Tol - ko ma - moj, tol - ko ma - moj ne mo - schet bit.
nein! Ei - nes wird er doch nie schaf - fen: Ma - ma zu sein!

2. Papa doma; dom issprawnij,
Gas gorit, i ne gassnet swet.
Papa w dome, konetschno, glawnij,
essli mami slutschajno net.

3. I ss sadatschkoju trudnoj samoj
Papa sprawitssja – dajte srok.
Mi potom usca reschaem ss mamoj
Wssö, tschto Papa reschit ne smog.

2. Bleibt der Papa einmal zu Hause,
dann geh'n niemals die Lichter aus.
Alle wissen's, er ist der Größte,
nur wenn Mama ist nicht zu Haus.

3. Alles meistert er, alles schafft er,
doch er braucht dazu reichlich Zeit.
Und was ihm dann noch nicht gelungen,
macht dann die Mama mit Leichtigkeit.

Dieses Lied ist in ganz Russland bekannt und wird auch in den Schulen gesungen.

165

Das Lied der Deutschen

Melodie: J. Haydn
Text: A. H. Hoffmann von Fallersleben

Ei-nig-keit und Recht und Frei-heit für das deut-sche Va-ter-land!
Da-nach lasst uns al-le stre-ben brü-der-lich mit Herz und Hand!
Ei-nig-keit und Recht und Frei-heit sind des Glü-ckes Un-ter-pfand.
Blüh im Glan-ze die-ses Glü-ckes, blü-he deut-sches Va-ter-land!

> Alle Staaten der Erde haben ein Lied, das bei besonderen Anlässen gesungen oder gespielt wird.
> Ein solches Lied nennt man Nationalhymne.
> Bei welchen Gelegenheiten habt ihr schon Nationalhymnen gehört?

Winter-Olympiade 2002 Siegerehrung

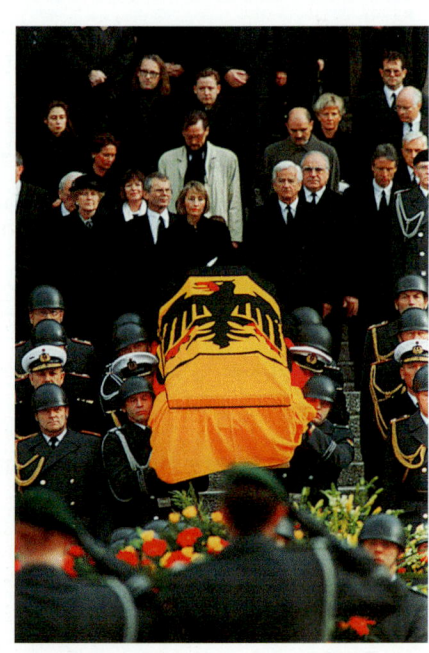

Staatsbegräbnis

Fußballspiel

Good old Europe

IV/20–21

Melodie und Text: M. Ansohn

Refrain

Come back to Good Old Europe! Look here, look there, come back to Good Old Europe! Look ev'rywhere!

Strophe

1. Ein Bran-den-bur-ger Tor kommt in Ber-lin und Pots-dam vor,
2. Die Gon-deln in Ve-ne-dig und die Mühl'n bei Ams-ter-dam,
3. Und Wein auf vie-len Hü-geln und der Hop-fen in dem Tal,
4. In Un-garn ist die Pusz-ta und in Schwe-den noch viel Wald.

    ein schie-fer Turm in Pi-sa und ein gra-der in Pa-ris.
    in Lon-don ro-te Bus-se, Köl-ner Kar-ne-vals-tam-tam,
    und vie-le al-te Bäu-me, die er-zähl'n:»Es war ein-mal ...«.
    Am Mit-tel-meer ist's warm und dicht, am Nord-pol ist es kalt.

    Und Kup-peln auf 'nem Dom, die gibt's in Pe-ters-burg und Rom,
    die Zwie-bel-türm-chen-kir-chen von Mos-kau o-der Linz,
    Die Schlös-ser von Schön-brunn, Ver-sailles, Ma-drid und Hei-del-berg,
    In Ös-ter-reich sind Ber-ge und die geh'n bis in die Schweiz.

    und vie-le Bur-gen ha-ben noch ein ech-tes Ver-lies.
    in je-dem zwei-ten Land lebt noch ein rich-ti-ger Prinz.
    Ma-don-nen in I-ta-lien und der deut-sche Gar-ten-zwerg.
    In vie-len Städ-ten ist was los »all days and all nights.«

Was ist was?
- der schiefe Turm von Pisa
- der Kreml in Moskau
- das Brandenburger Tor
- der Petersdom in Rom
- das Schloss von Versailles

Pettersson und Findus

Im Tischlerschuppen von Pettersson IV/22–23

Melodie und Text: D. Faber

1. Der Pettersson, der sammelt schon seit vielen, vielen Jahr'n all das, was er mal gebrauchen kann, im Tischlerschuppen an. Ein Fahrradschlauch, ein altes Bild, ein krummes Rohr aus Blei. Ganz egal, was er auch suchen mag, es ist bestimmt dabei.

2. Bei Pettersson, da stapelt sich im Schuppen dies und das, und wenn mal was zu reparieren ist, dann beginnt der Spaß: Wo ist denn nur die Säge hin? Der Hammer und das Rohr? Na ja, das kann passier'n, dass man was vergisst, das kommt schon mal vor. Im Tischlerschuppen von Pettersson, da gibt es viel zu seh'n.

3. Ein alter Schrank, ein Ofenrohr und Werkzeug, groß und klein. Das gibt's nur beim alten Pettersson, und das muss so sein. Doch manches Mal ist sie umsonst, die ganze Sucherei; dann fragt der Alte den Kater Findus, denn der weiß gut Bescheid. Da liegen tausend Dinge rum. In

| e | A |

Win-keln und in E-cken

| D | h |

kann man sie ent-de-cken – im

| G | A | D |

Schup-pen von Pet-ters-son.

▶ Entwerft eine rhythmische Begleitmusik auf Gegenständen aus eurem Alltag.

Aufruhr im Gemüsebeet

IV/24–25

Melodie: F. Oberpichler
Text: R. Oberpichler

Refrain

Auf-ruhr im Ge-mü-se-beet! Pet-ters-son und Fin-dus kom-men viel zu spät!_ Al-les ist ver-wüs-tet, al-le Rei-hen sind hin!_ In al-len Lö-chern sind_ kei-ne Kar-tof-feln drin!

(nur 1. Mal)

Auf-ruhr im Ge-mü-se-beet!_

Pet-ters-son hat al-les ganz um-sonst ge-sät!_ Fin-dus sucht sein Klöß-chen, doch das gibt's nicht mehr, al-les ist zer-tram-pelt, aus-ge-bud-delt, auf-ge-fres-sen, al-les weg._

O je, ist das ein Schreck!

Zur Begleitung im Refrain

D (T. 1–2)   h (T. 3–4)   G (T. 5–6)   A (T. 7–8)

1. Ein normales, frohes Huhn
liebt nun mal den Regenwurm,
und wo jemand gräbt und sticht,
kommt er freiwillig ans Licht.
Hühner wissen das, oh ja!
Huch!! Schon sind sie da!
alles weg,
gesprochen: o-je, ist das ein Schreck!

(keine Pausen nach Strophe 3)

2. Eine ganz normale Kuh
ist träge und dumm dazu.
Doch sie ist, das glaube ich,
auch besonders neugierig!
Findet sie ein'n Weg, oh ja!
Huch!! Schon ist sie da!

3. Ein normales, dickes Schwein
kann nicht immer artig sein
und dann wühlt es ebendrum
im Kartoffelacker rum!
Das ist zwar verboten, ja!
Huch!! Schon ist es da!

Füchse legt man rein   IV/26

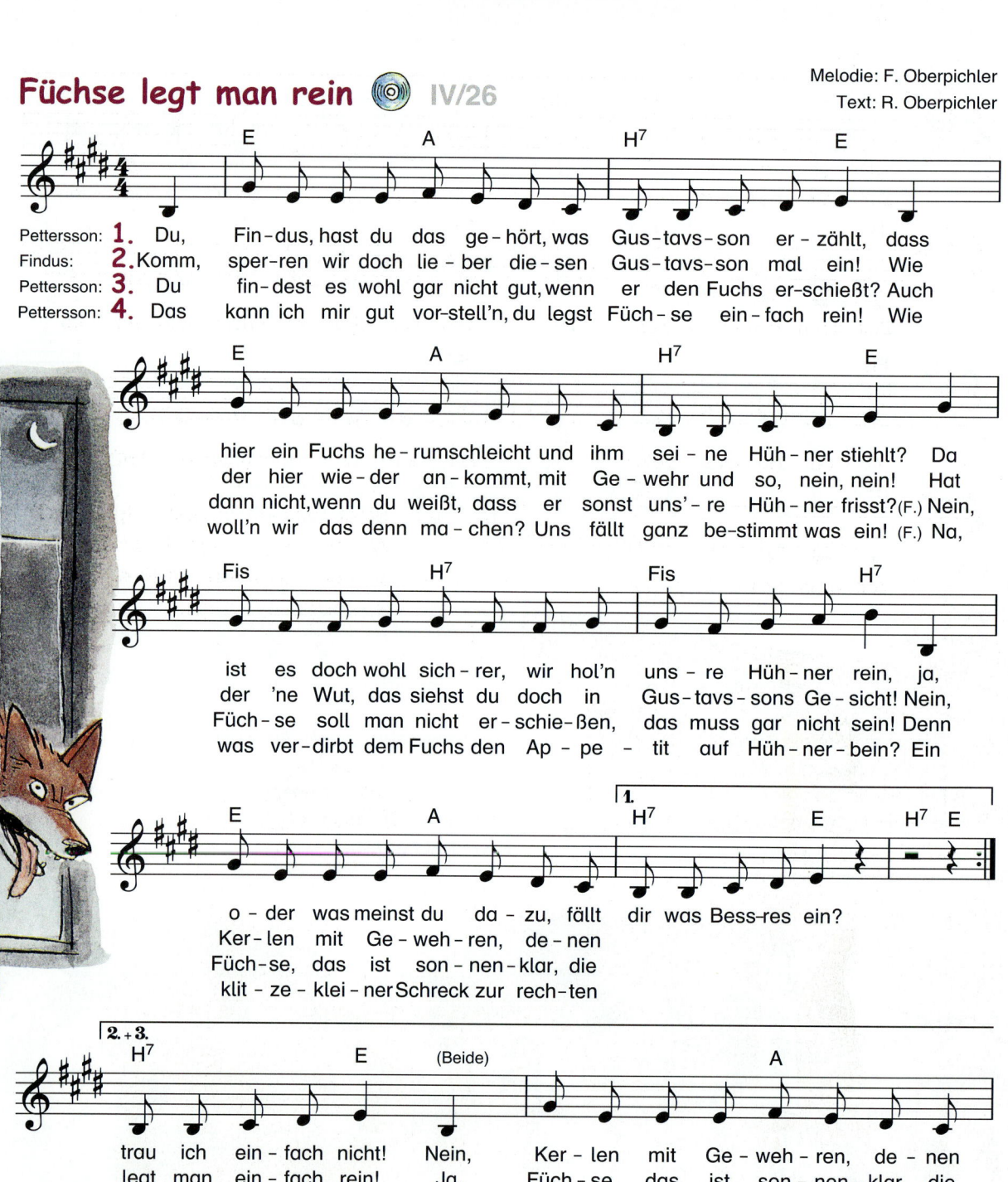

Melodie: F. Oberpichler
Text: R. Oberpichler

Pettersson: **1.** Du, Fin-dus, hast du das ge-hört, was Gus-tavs-son er-zählt, dass
Findus: **2.** Komm, sper-ren wir doch lie-ber die-sen Gus-tavs-son mal ein! Wie
Pettersson: **3.** Du fin-dest es wohl gar nicht gut, wenn er den Fuchs er-schießt? Auch
Pettersson: **4.** Das kann ich mir gut vor-stell'n, du legst Füch-se ein-fach rein! Wie

hier ein Fuchs he-rumschleicht und ihm sei-ne Füh-ner stiehlt? Da
der hier wie-der an-kommt, mit Ge-wehr und so, nein, nein! Hat
dann nicht, wenn du weißt, dass er sonst uns'-re Hüh-ner frisst? (F.) Nein,
woll'n wir das denn ma-chen? Uns fällt ganz be-stimmt was ein! (F.) Na,

ist es doch wohl sich-rer, wir hol'n uns-re Hüh-ner rein, ja,
der 'ne Wut, das siehst du doch in Gus-tavs-sons Ge-sicht! Nein,
Füch-se soll man nicht er-schie-ßen, das muss gar nicht sein! Denn
was ver-dirbt dem Fuchs den Ap-pe-tit auf Hüh-ner-bein? Ein

1.
o-der was meinst du da-zu, fällt dir was Bess-res ein?
Ker-len mit Ge-weh-ren, de-nen
Füch-se, das ist son-nen-klar, die
klit-ze-klei-ner Schreck zur rech-ten

2.+3.
trau ich ein-fach nicht! Nein, Ker-len mit Ge-weh-ren, de-nen
legt man ein-fach rein! Ja, Füch-se, das ist son-nen-klar, die

trau'n wir ein-fach nicht!
legt man ein-fach rein!

4. Zeit kann heil-sam sein! Ein klit-ze-klei-ner Schreck zur rech-ten
Zeit kann heil-sam sein! Na, was ver-dirbt dem Fuchs den Ap-pe-
tit auf Müh-ner-bein? Ein klit-ze-klei-ner Schreck zur rech-ten
Zeit kann heil-sam sein!

> Singt das Lied im Wechselgesang. Was würdet ihr euch einfallen lassen, um dem Fuchs einen kleinen Schrecken einzujagen?

Geburtstag, Geburtstag IV/27–28

Melodie und Text: D. Faber

Refrain

Ge-burts-tag, Ge-burts-tag, heu-te steigt ein Rie-sen-fest!
Wir gra-tu-lie-ren, schön, dass es dich gibt. Ge-burts-tag, Ge-burts-tag,
al-le Freun-de fei-ern mit. Ach, Ka-ter Fin-dus, wir ha-ben dich so
lieb.

1. Fin-dus hat Ge-burts-tag heut – wie drei-mal im Jahr, denn ein-mal ist ihm
nicht ge-nug. Wa-rum? Das ist doch klar:
ha-ben dich so lieb.
Ach, Ka-ter Fin-dus, wir ha-ben dich so lieb.

Vor- und Nachspiel

Spielt das Vor- und Nachspiel auf Instrumenten.

2. Eine kleine Festmusik spielt das Grammophon. Geburtstagstorte auf dem Tisch, das ist so Tradition.

3. Alle Freunde wünschen dir Gesundheit und viel Glück und dazu ein riesiges – Geburtstagstortenstück.

Findus allein im Zelt

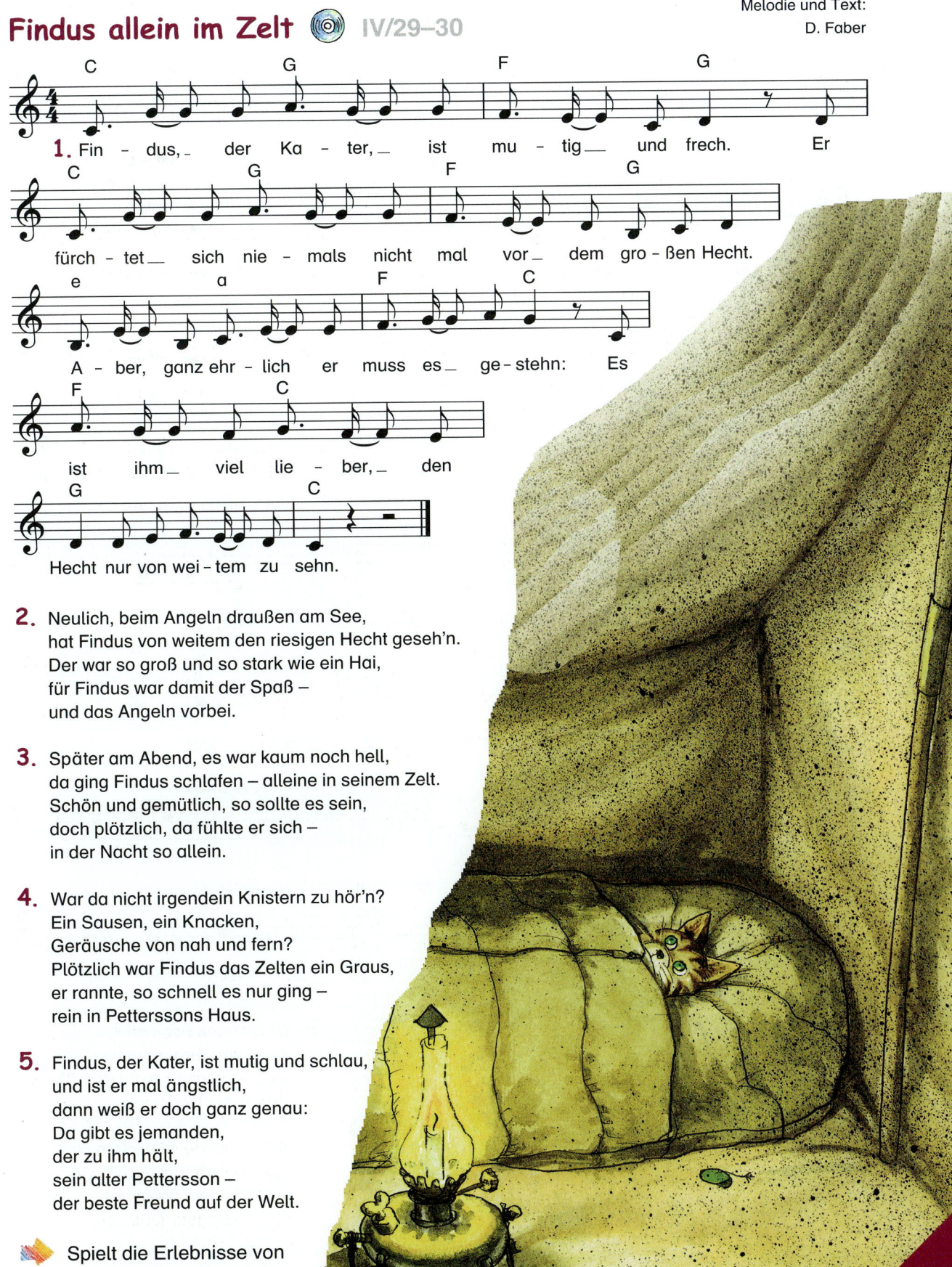

IV/29–30

Melodie und Text: D. Faber

1. Fin - dus, der Ka - ter, ist mu - tig und frech. Er fürch - tet sich nie - mals nicht mal vor dem gro - ßen Hecht. A - ber, ganz ehr - lich er muss es ge - stehn: Es ist ihm viel lie - ber, den Hecht nur von wei - tem zu sehn.

2. Neulich, beim Angeln draußen am See,
   hat Findus von weitem den riesigen Hecht geseh'n.
   Der war so groß und so stark wie ein Hai,
   für Findus war damit der Spaß –
   und das Angeln vorbei.

3. Später am Abend, es war kaum noch hell,
   da ging Findus schlafen – alleine in seinem Zelt.
   Schön und gemütlich, so sollte es sein,
   doch plötzlich, da fühlte er sich –
   in der Nacht so allein.

4. War da nicht irgendein Knistern zu hör'n?
   Ein Sausen, ein Knacken,
   Geräusche von nah und fern?
   Plötzlich war Findus das Zelten ein Graus,
   er rannte, so schnell es nur ging –
   rein in Petterssons Haus.

5. Findus, der Kater, ist mutig und schlau,
   und ist er mal ängstlich,
   dann weiß er doch ganz genau:
   Da gibt es jemanden,
   der zu ihm hält,
   sein alter Pettersson –
   der beste Freund auf der Welt.

Spielt die Erlebnisse von Findus als szenisches Spiel.

Copyright-Verzeichnis

M = Melodie   Tf = Textfassung
Mf = Melodiefassung   S = Satz
T = Text
Tü = Textübertragung

- S. 8   M und T: Patmos Verlag, Düsseldorf
- S. 9   M: Daimonion Verlag, Wiesbaden
- S. 10   M und T: MUSIK FÜR DICH Rolf Zuckowski OHG, Hamburg
- S. 11o.   M und T: Silvanus Musikverlag, Augsburg
- S. 11u.   Tü: Bildungshaus Schroedel Diesterweg Bildungsmedien GmbH & Co. KG, Hannover
- S. 12   M und T: Fidula-Verlag, Boppard/Rhein und Salzburg
- S. 14u.   Tü: Bildungshaus Schroedel Diesterweg Bildungsmedien GmbH & Co. KG, Hannover
- S. 15   M und T: by Lied der Zeit GmbH, Hamburg
- S. 17   M und T: Musikedition Europaton P. Schaeffers, Hamburg
- S. 16u.   T: Rechte beim Urheber
- S. 17   T: Rechte beim Urheber
- S. 18   M und T: Musikverlag zum Pelikan, Zürich, HUG & Co. Musikverlag, Zürich
- S. 20f.   M und T: Worpsweder Musikwerkstatt
- S. 24   Tü: Musikverlag Hieber, München
- S. 25   Tü: Bildungshaus Schroedel Diesterweg Bildungsmedien GmbH & Co. KG, Hannover
- S. 26   M und T: MUSIK FÜR DICH Rolf Zuckowski OHG, Hamburg
- S. 27o.   M und T: Lehrmittelverlag des Kantons Zürich
- S. 27u.   M und T: Voggenreiter Verlag, Bonn
- S. 28   M: E. Pfleger, G. Grasmuck, P. N. Gruber, K. Plesmir, H. Tremschnig; T: E. Pfleger; © OPUS MUSIC PUBLISHING Rechte für D/CH: Rolf Budde Musikverlag GmbH
- S. 29   M und T: Deamus Ltd. Universal Music Publ. GmbH, Hamburg
- S. 30   M und T: Sternschnuppe Verlag, Ottenhofen
- S. 31   M und T: Rechte beim Urheber
- S. 32o.   Tü: Möseler Verlag, Wolfenbüttel
- S. 33   M und T: Fidula-Verlag Boppard/Rhein und Salzburg
- S. 34   Tü: Rechte beim Urheber
- S. 35   Tü: Rechte beim Urheber
- S. 36   M und T: Aktive Musik Verlagsgesellschaft mbH, Dortmund
- S. 37u.   M und T: MUSIK FÜR DICH Rolf Zuckowski OHG, Hamburg
- S. 38   M und T: Verlag Neue Musik GmbH, Berlin
- S. 39   Tü: Schott Musik International, Mainz
- S. 40o.   M und T: 1935 by Clayton F. Summy & Co. Chicago/Keith Prowse Music Publ. Co. Ltd./Warner Chappell L.A. USA. Für Deutschland: Musikverlag Intersong GmbH, Hamburg
- S. 40u.   M und T: Bärenreiter Verlag, Kassel
- S. 41   M und T: MUSIK FÜR DICH Rolf Zuckowski OHG, Hamburg
- S. 42f.   M und T: Recitel Musikverlag, Köln
- S. 44   M und T: Fidula-Verlag, Boppard/Rhein und Salzburg
- S. 45   M und T: Rechte beim Urheber
- S. 46   M und T: Rechte beim Urheber
- S. 47   M und T: MUSIK FÜR DICH Rolf Zuckowski OHG, Hamburg
- S. 48   M und T: Moon-Records-Verlag, Düsseldorf
- S. 49   S: Bildungshaus Schroedel Diesterweg Bildungsmedien GmbH & Co. KG, Hannover
- S. 50u.   M und T: Fidula-Verlag, Boppard/Rhein und Salzburg
- S. 51u.   M: Singvogel-Musikverlag, Ansbach; T: Rechte beim Urheber
- S. 52o.   M und T: Christophorus-Verlag, Freiburg
- S. 53   M und T: MUSIK FÜR DICH Rolf Zuckowski OHG, Hamburg
- S. 54u.   M und T: Aktive Musik Verlagsgesellschaft mbH, Dortmund
- S. 55   M und T: Gustav Bosse Verlag, Kassel
- S. 57u.   Tü: Fidula-Verlag, Boppard/Rhein und Salzburg
- S. 58   M und T: © 1957 by Schumann Music Corp./Bourne Music Ltd. EMI Music Publishing (Germany GmbH), Hamburg
- S. 59   Tü: Fidula-Verlag, Boppard/Rhein und Salzburg
- S. 60   Tü: Fidula-Verlag, Boppard/Rhein und Salzburg; S: Musikverlag Hieber, München
- S. 61   Tü: Rechte beim Urheber
- S. 62   M und T: Checkpoint Film- und Musikproduktion GmbH, Holzkirchen; Edition Accord GmbH, Hamburg
- S. 64   M und T: paroles et musique d'Henri Dès – extrait du disque »Flagada« – Disques Mary-Josée 197 117-2. Edition du Mille-Patte, Echandens/Schweiz
- S. 65   M und T: Patmos Verlag, Düsseldorf
- S. 66   Tf: Rechte beim Urheber
- S. 67   Tü: Fidula-Verlag, Boppard/Rhein und Salzburg
- S. 68   M und T: Rechte beim Urheber
- S. 69   M und T: Aktive Musik Verlagsgesellschaft mbH, Dortmund
- S. 70f.   M und T: 1983 Hit Pick Music, Germany. Mit freundlicher Genehmigung von WUNDERWOLKE – Popmusik und Spaß für Kinder. www.wunderwolke.de
- S. 72   M und T: Worpsweder Musikwerkstatt
- S. 73   M und T: Aktive Musik Verlagsgesellschaft mbH, Dortmund
- S. 74   M und T: Moon-Records-Verlag, Düsseldorf
- S. 75   Tü: Fidula-Verlag, Boppard/Rhein und Salzburg
- S. 76   Tü: Möseler Verlag, Wolfenbüttel
- S. 77   Tü: Schott Musik International, Mainz
- S. 78f.   Tü: Filmkunst Musikverlag, München
- S. 80   M und T: Filmkunst Musikverlag, München
- S. 82   Tü: Rechte beim Urheber
- S. 83   Tü: Bildungshaus Schroedel Diesterweg Bildungsmedien GmbH & Co. KG, Hannover
- S. 86   M und T: EMI Songs Musikverlag GmbH, Hamburg
- S. 89   Tü: Edition Eres, Lilienthal/Bremen
- S. 90f.   M und T: Rechte beim Urheber
- S. 92   Tü: Rechte beim Urheber
- S. 93   M und T: Rechte beim Urheber
- S. 95   dt. Tü: Bildungshaus Schroedel Diesterweg Bildungsmedien & Co. KG, Hannover
- S. 96   M: 1959 by Les Editions Salabert S. A. Für Deutschland und Österreich: Musikverlag Intersong GmbH, Hamburg
- S. 97o.   Tü: Patmos Verlag, Düsseldorf
- S. 98f.   M und T: Bildungshaus Schroedel Diesterweg Bildungsmedien GmbH & Co. KG, Hannover
- S. 101u.   Tü: Rechte beim Urheber
- S. 102   Tü: Bildungshaus Schroedel Diesterweg Bildungsmedien GmbH & Co. KG, Hannover
- S. 103   M und T: Möseler Verlag, Wolfenbüttel
- S. 104   M und T: Rechte beim Urheber
- S. 105   M und T: Fidula-Verlag, Boppard/Rhein und Salzburg
- S. 106f.   EMI Music Publishing Germany GmbH, Hamburg
- S. 108   M und T: Wolf Verlag, Regensburg
- S. 110   T: : Bildungshaus Schroedel Diesterweg Bildungsmedien GmbH & Co. KG, Hannover
- S. 111   M und T: Aktive Musik Verlagsgesellschaft mbH, Dortmund
- S. 112f.   M, T und Tü: Co-publishers: Intervox Music & Eurovox Music, Rozenlaan 43, 2970 Schilde (Antwerpen, Belgien)
- S. 114   Tü: Rechte beim Urheber
- S. 116   M und T: 1975 Selected Sound. EMI Music Publishing Germany GmbH, Hamburg
- S. 117   Tü: Fidula-Verlag, Boppard/Rhein und Salzburg
- S. 118   M und T: Middelhauve Verlags GmbH, München
- S. 119   M und T: Aktive Musik Verlagsgesellschaft mbH, Dortmund
- S. 120   M und T: paroles et musique d'Henri Dès – extrait du disque »Flagada« – Disques Mary-Josée 197 117-2. Edition du Mille-Patte, Echandens/Schweiz
- S. 121   M und T: Fidula-Verlag, Boppard/Rhein und Salzburg
- S. 122   Tü: Daimonion Verlag, Wiesbaden
- S. 123   Tü: Bildungshaus Schroedel Diesterweg Bildungsmedien GmbH & Co. KG, Hannover
- S. 124   M und T: Edition Eres, Lilienthal/Bremen
- S. 125u.   Tü: Fidula-Verlag, Boppard/Rhein und Salzburg
- S. 126   Mf und Tü: Fidula-Verlag, Boppard/Rhein und Salzburg
- S. 127   Tü: Bildungshaus Schroedel Diesterweg Bildungsmedien GmbH & Co. KG, Hannover
- S. 129u.   M und T: Rechte beim Urheber
- S. 132   M und T: Trio Kunterbunt, Groß-Gerau
- S. 133   M und T: Aktive Musik Verlagsgesellschaft mbH, Dortmund
- S. 134   M und T: Fidula-Verlag, Boppard/Rhein und Salzburg
- S. 135   M und T: Don Bosco Verlag, München
- S. 136   M und T: Rechte beim Urheber
- S. 137   Tf: Fidula-Verlag, Boppard/Rhein und Salzburg
- S. 138   M und T: Rechte beim Urheber
- S. 139   Tü: Bildungshaus Schroedel Diesterweg Bildungsmedien GmbH & Co. KG, Hannover
- S. 140   M und T: Patmos Verlag, Düsseldorf
- S. 141   M und T: Fidula-Verlag, Boppard/Rhein und Salzburg
- S. 142   M und T: Patmos Verlag, Düsseldorf
- S. 143o.   M und T: Rechte beim Urheber
- S. 143u.   M und T: KiMu Kinder Musik Verlag GmbH, 42555 Velbert
- S. 144f.   M und T: Edition Bamboo Bears c/o Musik Edition Discoton GmbH (BMG UFA Musikverlage), München
- S. 146   M und T: Rechte beim Urheber
- S. 147   M und T: Rechte beim Urheber
- S. 148   M und T: Rechte beim Urheber
- S. 149   M und T: Aktive Verlagsgesellschaft mbH, Dortmund
- S. 150   M und T: Rechte beim Urheber
- S. 151o.   Tü: Bärenreiter Verlag, Kassel
- S. 153   M und T: MUSIK FÜR DICH Rolf Zuckowski OHG, Hamburg
- S. 154   M und T: Rechte beim Urheber
- S. 156   Tf und S: Bildungshaus Schroedel Diesterweg Bildungsmedien GmbH & Co. KG, Hannover
- S. 157   M und T: Aktive Verlagsgesellschaft mbH, Dortmund
- S. 158f.   M und T: Uccello Verlag, Bad Lippspringe
- S. 161   M, T und Tü: paroles et musique d'Henri Dès – extrait du disque »Flagada« – Disques Mary-Josée 197 117-2. Edition du Mille-Patte, Echandens/Schweiz
- S. 162   M: Rechte beim Autor
- S. 164   M, T und Tü: © Verlag Dansk Sang, Dänemark. www.dansksang.dk
- S. 165   M und T: Russische Föderation, Moskau
- S. 167   M und T: Rechte beim Urheber
- S. 168f.   M und T: Faber Musikverlag, Hamburg
- S. 170f.   M und T: EMI Music Publishing (Germany GmbH), Hamburg
- S. 172   M und T: EMI Music Publishing (Germany GmbH), Hamburg
- S. 174   M und T: Faber Musikverlag, Hamburg
- S. 175   M und T: Faber Musikverlag, Hamburg

Bildquellen-Verzeichnis

Bavaria Bildagentur, Gauting: S. 19
© 2001 Buchagentur. »Pumuckl« von Ellis Kaut. www.pumuckl.de. Mit freundlicher Genehmigung der MM Merchandising München GmbH: S. 62
© Sesamstraße Workshop, Auszug aus Sesamstraße Spezial 1/2001 (Panini-Verlag): S. 43
dpa, Deutsche Presseagentur, Frankfurt/Main: S. 15, 126, 166 (alle)
IFA Bilderteam, München: S. 149
Merchandising, München: S. 78, 79
aus: »Das Lied der bunten Vögel« von KObna Anan Omari (Fischer Media, 5. Auflage 1999): S. 131
© PEYO 2001 Licenced through I.M.P.S. (Brussels). www.schlumpf.com: S. 28f.
Schroedel Bildarchiv: S. 145
© Verlag Oetinger, Hamburg (»Eine Geburtstagstorte für die Katze« aus »Das große Liederbuch von Petersson und Findus«): S. 169–173, 175

Die Seiten 10, 34, 35, 97, 117, 133, 150f. wurden von Jule Ehlers-Juhle illustriert.

Die Seiten 8, 11–14, 20, 21, 23, 26, 27, 33, 40, 46, 47, 50–55, 70–72, 75, 76, 84, 85, 90, 91, 93, 98, 104, 116, 120, 121, 127, 128, 129, 134–136, 141–144, 148, 149o., 154, 155, 158, 159, 163, 167 wurden von Milada Krautmann illustriert.

Die Seiten 9, 16, 17,18, 22, 24, 25, 30, 31, 32, 36–39, 41, 42, 43u., 44, 45, 48, 49, 56–61, 63–69, 73, 74, 77, 80–83, 86–89, 92, 94, 95, 96, 100–103, 105–115, 118, 119, 122–125, 130, 132, 137–140, 146, 147, 152, 153, 156, 157, 160, 161, 162, 164, 165, 168 wurden von Marion Kreimeyer-Visse illustriert.

Trotz entsprechender Bemühungen ist es nicht in allen Fällen gelungen, den Rechteinhaber ausfindig zu machen. Gegen Nachweis der Rechte zahlt der Verlag für die Abdruckerlaubnis die gesetzlich geschuldete Vergütung.